“十三五”普通高等教育规划教材

会计学实验教程

KUAIJIXUE SHIYAN JIAOCHENG

吕智杰　刘丽娜　主编
孟　越　主审

中国铁道出版社
CHINA RAILWAY PUBLISHING HOUSE

内容简介

本书以《企业会计准则》及《会计基础工作规范》等相关法规为依据，从培养学生实际操作技能出发，使学生通过实验能够掌握会计核算方法和会计核算组织程序以及核算技巧。本书包括两章内容。第一章为总论，总体概述会计实验过程中需要遵循的规范和实验的任务。第二章为实验内容，与《会计学》教材有机配套，包括实验目的、实验资料和实验要求等，能够与理论教学同步进行。书中专有的实验用表，可以培养学生的实际动手能力，为成为会计学应用型人才打下坚实的基础。

本书适合经济管理类专业本科学生及其他同等程度的学生练习使用，也可以作为企业管理人员自学参考用书。

图书在版编目（CIP）数据

会计学实验教程 / 吕智杰，刘丽娜主编. —北京：中国铁道出版社，2016.10

“十三五”普通高等教育规划教材

ISBN 978-7-113-22298-7

Ⅰ.①会… Ⅱ.①吕… ②刘… Ⅲ.①会计学—高等学校—教材 Ⅳ.①F230

中国版本图书馆 CIP 数据核字(2016)第 208641 号

书　　名：“十三五”普通高等教育规划教材
　　　　　会计学实验教程

作　　者：吕智杰　刘丽娜　主编

策　　划：邢斯思　　　　**读者热线：**(010) 63550836

责任编辑：邢斯思　贾淑媛

封面设计：刘　颖

封面制作：白　雪

责任校对：汤淑梅

责任印制：郭向伟

出版发行：中国铁道出版社（100054，北京市西城区右安门西街 8 号）

网　　址：http://www.51eds.com

印　　刷：北京海淀五色花印刷厂

版　　次：2016 年 10 月第 1 版　　2016 年 10 月第 1 次印刷

开　　本：787 mm×1 092 mm　1/16　印张：13.25　字数：253 千

书　　号：ISBN 978-7-113-22298-7

定　　价：32.00 元

前言

Preface

随着我国经济发展的不断深入，为适应经济管理、财务管理发展的趋势，会计在企业管理中的地位越来越重要。对于会计专业的大学生来说，更应当熟练掌握会计操作的基本技能和会计实务。会计作为一门实践性、操作性都很强的学科，在将理论知识向实际应用时，往往需要一个适应阶段。如何把会计理论知识较好地应用于实践，一直是会计教学中关注的重点。为了使会计专业的学生在学校里有更多的实践机会，弥补不能到企业实习的不足，同时能够认识各种票据，了解企业会计各项岗位的工作流程，知道企业的会计工作究竟是如何开展的，掌握作账、记账的技能；更为了适应新的经济形势，培养出更优秀的高级应用型会计人才，针对会计学科的特点，结合编者多年的实验、实践教学经验和对这方面的关注，我们编写了这本《会计学实验教程》。

本书力求全面地向读者介绍企业经济活动所涉及经济业务的处理，帮助会计新手在一个仿真性实验环境下，了解企业的经济活动全貌，明白企业会计工作的组织及会计方面的各个岗位的工作流程，按照会计岗位职责，将所学的理论知识与实际业务技能有机结合，以熟练掌握和运用、提升会计实务技能，迅速适应各种不同的就业环境，从而培养更多会计应用型人才。

本书编写的原则与特色是：

(1)实验素材仿真。实验内容模拟一个公司 12 月份发生的典型经济业务，尽量将各种类型的原始凭证让学生都见到、用到，以提高学生的实验效率。为避免涉及信息，原始凭证中的所有信息均为虚拟。

(2)案例的经济业务内容具有代表性。

(3)实用性强。原始票据及凭证均为目前使用的最新版本，实用性强。

(4)规范性强。以 2015 年财政部颁布的《企业会计准则》、1996 年财政部颁布的《会计基础工作规范》、最新的注册会计考试系列教材中的《会计》《税法》以及财政部最新颁布的财会规章制度为依据。

本书共分两章。第一章是总论，总体概述会计实验过程中需要遵循的规范和实验任务。第二章是实验内容，包括实验目的、实验资料和实验要求等。全书由沈阳理工大学吕智杰、刘丽娜担任主编，孟凡波、王娜、刘桂春、李鹏参与编写，由孟越主审。

本书在编写过程中，参阅了许多专家、学者的最新研究成果，他们的思想和观点对本书的完成极为重要，在此一并表示谢意。由于编者水平所限，书中可能有不妥之处，恳请广大读者批评指正，以便日后修改和完善。

编 者

2016 年 6 月

目录 Contents

第一章　总　论

第一节　会计基础工作规范

一、会计人员配备

各单位应当根据会计业务需要设置会计工作岗位。会计工作岗位一般可分为：会计机构负责人或者会计主管人员，出纳，财产物资核算，工资核算，成本费用核算，财务成果核算，资金核算，往来结算，总账报表，稽核，档案管理等。

会计工作岗位，可以一人一岗、一人多岗或者一岗多人。但出纳人员不得兼管稽核、会计档案保管和收入、费用、债权债务账目的登记工作。会计人员的工作岗位应当有计划地进行轮换，并且具备必要的专业知识和专业技能，熟悉国家有关法律、法规和规章制度，遵守职业道德，按照国家有关规定参加会计业务的培训。

二、会计工作交接

会计人员工作调动或者因故离职，必须将本人所经管的会计工作全部移交给接替人员。没有办清交接手续的，不得调动或者离职。接替人员应当认真接管移交工作，并继续办理移交的未了事项。

(1)会计人员办理移交手续前，必须及时做好以下工作：

①已经受理的经济业务尚未填制会计凭证的，应当填制完毕。

②尚未登记的账目，应当登记完毕，并在最后一笔余额后加盖经办人员印章。

③整理应该移交的各项资料，对未了事项写出书面材料。

④编制移交清册，列明应当移交的会计凭证、会计账簿、会计报表、印章、现金、有价证券、支票簿、发票、文件、其他会计资料和物品等内容。

(2)会计人员办理交接手续，必须有监交人负责监交。

一般会计人员交接，由单位会计机构负责人、会计主管人员负责监交；会计机构负责人、会计主管人员交接，由单位领导人负责监交，必要时可由上级主管部门派人会同监交。移交人员在办理移交时，要按移交清册逐项移交；接替人员要逐项核对点收。

①现金、有价证券要根据会计账簿有关记录进行点交。库存现金、有价证券必须与会计账

簿记录保持一致。不一致时，移交人员必须限期查清。

②会计凭证、会计账簿、会计报表和其他会计资料必须完整无缺。如有短缺，必须查清原因，并在移交清册中注明，由移交人员负责。

③银行存款账户余额要与银行对账单核对，如不一致，应当编制银行存款余额调节表调节一致，各种财产物资和债权债务的明细账户余额要与总账有关账户余额核对相符；必要时，要抽查个别账户的余额，与实物核对相符，或者与往来单位、个人核对清楚。

④移交人员经管的票据、印章和其他实物等，必须交接清楚。交接完毕后，交接双方和监交人员要在移交注册上签名或者盖章，并应在移交注册上注明：单位名称、交接日期、交接双方和监交人员的职务、姓名、移交清册页数以及需要说明的问题和意见等。移交清册一般应当填制一式三份，交接双方各执一份，存档一份。接替人员应当继续使用移交的会计账簿，不得自行另立新账，以保持会计记录的连续性。

三、会计凭证填制规范

(一)原始凭证的填制

1. 内容

凭证的名称；填制凭证的日期；填制凭证单位名称或者填制人姓名；经办人员的签名或者盖章；接受凭证单位名称；经济业务内容；数量、单价和金额。

2. 要求

(1)从外单位取得的原始凭证，必须盖有填制单位的公章；从个人取得的原始凭证，必须有填制人员的签名或者盖章。自制原始凭证必须有经办单位领导人或者其指定的人员签名或者盖章。对外开出的原始凭证，必须加盖本单位公章。凡填有大写和小写金额的原始凭证，大写与小写金额必须相符。

(2)一式几联的原始凭证，应当注明各联的用途，只能以一联作为报销凭证。一式几联的发票和收据，必须用双面复写纸(发票和收据本身具备复写纸功能的除外)套写，并连续编号。作废时应当加盖“作废”戳记，连同存根一起保存，不得撕毁。

(3)经上级有关部门批准的经济业务，应当将批准文件作为原始凭证附件：如果批准文件需要单独归档的，应当在凭证上注明批准机关名称、日期和文件字号。

(4)原始凭证不得涂改、挖补。发现原始凭证有错误的，应当由开出单位重开或者更正，更正处应当加盖开出单位的公章。

(二)记账凭证的填制

1. 内容

凭证的日期；凭证编号；经济业务摘要；会计科目；金额；所附原始凭证张数；填制凭证人员、稽核人员、记账人员、会计机构负责人、会计主管人员签名或者盖章。收款和付款记账凭证还应当由出纳人员签名或者盖章。以自制的原始凭证或者原始凭证汇总表代替记账凭证的，也必须具备记账凭证应有的项目。

2. 要求

(1)填制记账凭证时，应当对记账凭证进行连续编号。一笔经济业务需要填制两张以上记账凭证的，可以采用分数编号法编号。记账凭证可以根据每一张原始凭证填制，或者根据若干张同类原始凭证汇总填制，也可以根据原始凭证汇总表填制。但不得将不同内容和类别的原始凭证汇总填制在一张记账凭证上。

(2)除结账和更正错误的记账凭证可以不附原始凭证外，其他记账凭证必须附有原始凭证。如果一张原始凭证涉及几张记账凭证，可以把原始凭证附在一张主要的记账凭证后面，并在其他记账凭证上注明附有该原始凭证的记账凭证的编号或者附原始凭证复印件。一张复印凭证所列支出需要几个单位共同负担的，应当将其他单位负担的部分，开给对方原始凭证分割单，进行结算。

(3)如果在填制记账凭证时发生错误，应当重新填制。已经登记入账的记账凭证，在当年内发现填写错误时，可以用红字填写一张与原内容相同的记账凭证，在摘要栏注明“注销某月某日某号凭证”字样，同时再用黑字重新填制一张正确的记账凭证，注明“订正某月某日某号凭证”字样。如果会计科目没有错误，只是金额错误，也可以将正确数字与错误数字之间的差额，另编一张调整的记账凭证，调增金额用黑字，调减金额用红字。发现以前年度记账凭证有错误的，应当用蓝字填制一张更正的记账凭证。

(4)记账凭证填制完经济业务事项后，如有空行，应当自金额栏最后一笔金额数字下的空行处至合计数上一行的空行处划线注销。

四、会计账簿登账规范

现金日记账和银行存款日记账必须采用订本式账簿。不得用银行对账单或者其他方法代替日记账。

1. 启用账簿

启用会计账簿时，应当在账簿封面上写明单位名称和账簿名称。在账簿扉页上应当附启用表，内容包括：启用日期、账簿页数、记账人员和会计机构负责人、会计主管人员姓名，并加盖名章和单位公章。记账人员或者会计机构负责人、会计主管人员调动工作时，应当注明交接日期、接办人员、监交人员姓名，并由交接双方人员签名或者盖章。启用订本式账簿，应当从第一页到最后一页顺序编定页数，不得跳页、缺号。使用活页式账页，应当按账户顺序编号，并定期装订成册。装订后再接实际使用的账页顺序编定页码，另加目录，记明每个账户的名称和页次。

2. 登记账簿

(1)应当将会计凭证日期、编号、业务内容摘要、金额和其他有关资料逐项记入账内；做到数字准确、摘要清楚、登记及时、字迹工整。登记完毕后，要在记账凭证上签名或者盖章，并注明已经登账的符号，表示已经记账。登记账簿要用黑墨书写，不得使用圆珠笔(银行的复写账簿除外)或者铅笔书写。

(2)下列情况，可以用红色墨水记账：

①红字冲账的记账凭证，冲销错误记录。

②在不设借贷等栏的多栏式账页中，登记减少数。

③在三栏式账户的余额栏前，如未印明余额方向的，在余额栏内登记负数余额。

④根据国家统一规章制度的规定可以用红字登记的其他会计记录。

(3)各种账簿按页次顺序连续登记，不得跳行、隔页。如果发生跳行、隔页，应当将空行、空页划线注销，或者注明“此行空白”“此页空白”字样，并由记账人员签名或者盖章。凡需要结出余额的账户，结出余额后，应当在“借或贷”等栏内写明“借”或者“贷”等字样。没有余额的账户，应当在“借或贷”等栏内写“平”字，并在余额栏内用“0”表示。现金日记账和银行存款日记账必须逐日结出余额。

3. 错账更正

账簿记录发生错误，不准涂改、挖补、刮擦或者用药水消除字迹，不准重新抄写，必须按照下列方法进行更正：划线更正法、补充更正法和红字更正法。

4. 对账

各单位应当定期对会计账簿记录的有关数字与库存实物、货币资金、有价证券、往来单位或者个人等进行相互核对，保证账证相符、账账相符、账实相符。对账工作每年至少进行一次。做到：账证核对、账账核对和账实核对。

5. 结账

(1)每一账页登记完毕结转下页时，应当结出本页合计数及余额，写在本页最后一行和下页第一行有关栏内，并在摘要栏内注明“过次页”和“承前页”字样；也可以将本页合计数及金额只写在下页第一行有关栏内，并在摘要栏内注明“承前页”字样。对需要结计本月发生额的账户，结计“过次页”的本页合计数应当为自本月初起至本页末止的发生额合计数；对需要结计本年累计发生额的账户，结计“过次页”的本页合计数应当为自年初起至本页末止的累计数；对既不需要结计本月发生额也不需要结计本年累计发生额的账户，可以只将每页末的余额结转次页。

(2)各单位应当按照规定定期结账。结账前，必须将本期内所发生的各项经济业务全部登记入账。结账时，应当结出每个账户的期末余额。需要结出当月发生额的，应当在摘要栏内注明“本月合计”字样，并在下面通栏划单红线。需要结出本年累计发生额的，应当在摘要栏内注明“本年累计”字样，并在下面通栏划单红线；12月末的“本年累计”就是全年累计发生额。全年累计发生额下面应当通栏划双红线。年度终了结账时，所有总账账户都应当结出全年发生额和年末余额。年度终了，要把各账户的余额结转到下一会计年度，并在摘要栏注明“结转下年”字样；在下一会计年度新建有关会计账簿的第一行余额栏内填写上年结转的余额，并在摘要栏注明“上年结转”字样。

五、财务报告编制规范

(1)各单位必须按照国家统一会计规章制度，定期编制财务报告。财务报告包括会计报表及其说明。会计报表包括会计报表主表、会计报表附表、会计报表附注。

(2)各单位对外报送的财务报告应当根据国家统一会计相关规定的格式和要求编制。单位内部使用的财务报告，其格式和要求由各单位自行规定。

会计报表应当根据登记完整、核对无误的会计账簿记录和其他有关资料编制，做到数字真实、计算准确、内容完整、说明清楚。任何人不得篡改或者授意、指使、强令他人篡改会计报表的有关数字。

(3)会计报表之间、会计报表各项目之间，凡有对应关系的数字，应当相互一致。本期会计报表与上期会计报表之间有关的数字应当相互衔接。如果不同会计年度会计报表中各项目的内容和核算方法有变更的，应当在年度会计报表中加以说明。

(4)各单位应当按照国家规定的期限对外报送财务报告。对外报送的财务报告，应当依次编定页码，加具封面，装订成册，加盖公章。封面上应当注明：单位名称，单位地址，财务报告所属年度、季度、月度，送出日期，并由单位领导人、总会计师、会计机构负责人、会计主管人员签名或者盖章。单位领导人对财务报告的合法性、真实性负法律责任。如果发现对外报送的财务报告有错误，应当及时办理更正手续，除更正本单位留存的财务报告外，并应同时通知接受财务报告的单位更正。错误较多的，应当重新编报。

第二节 会计学实验的任务及要求

一、会计学实验的基本要求和主要内容

(一)实验基本要求

1. 实验纪律

实验纪律包括实验制度的遵守情况和实验课堂表现等方面。严格的实验纪律是模拟实验有序进行的重要保证。没有好的实验纪律，就难以取得良好的实验效果。

2. 内容的正确性

内容的正确性是指模拟实验实质性内容的正确程度，包括会计凭证填制和审核的正确性、账簿登记的正确性和报表编制的正确性等。

3. 书写规范性

会计凭证、账簿、报表中数字和文字的书写，是会计人员的一项基本功，它与其他工作相比，有着特殊的要求。根据《会计基础工作的规范》的要求，会计凭证填制及账簿登记要使用蓝黑墨水笔或碳素墨水笔书写，不得使用圆珠笔(银行的复写单据除外)或者铅笔书写。

书写规范是衡量会计人员基本素质高低的重要标准。具体可以从正确、规范、清晰、整洁和美观等方面评定。

4. 实验报告的质量

实验报告是完成会计模拟实验全过程的书面总结，该环节主要是考核实验者能否以某一个或几个实验项目的内容作为中心论题，准确地阐述各种不同性质经济业务账务处理的依据及其与相关会计准则和会计政策的内在联系，能否结合实验内容的重点和难点，提出问题，分析问题，并联系实际提出切合实际的改进措施和建议。

(1)以企业实际发生的经济业务为模拟实验的内容。在现实经济活动中，各核算单位的情况千差万别，不可能把企业纷繁复杂的经济业务都列入模拟实验的内容中，只能选择其中具有代表性的基本经济业务作为模拟实验的内容，通过对这些经济业务的账务处理，掌握处理经济业务的基本操作方法。

进行模拟实验时需要了解和掌握模拟企业的概况、会计政策及该企业采用的内部会计核算方法。根据企业的前期会计资料，开设总分类账户、明细分类账户、现金日记账和银行存款日记账，将期初余额计入各有关账户，必要时应根据经济业务的发生情况增设相应的账户。

(2)以企业实际财务部门使用的证、账、表为模拟实验用品。按照企业实际财务部门组织会计核算的程序和方法，以及其所使用的证、账、表为模拟实验品来组织会计模拟实验，以增强模拟实验的真实性，让学生获得感性认识、扩大视野、开拓思路，作为形成科学概念的账务基础。

(3)以现行的会计法规、准则、规定为依据，进行会计事项的处理。在实验中对于每一项经

济业务的处理，都要依据有关制度的规定进行，依据审核无误的原始凭证或原始凭证汇总表编制记账凭证，并据以登记账簿，编制会计报表。

(4)按照标准、规则的格式进行文字、数字的书写。文字书写要简明扼要、准确，字迹工整、清晰。阿拉伯数字的书写要按照会计基础工作规范的要求，逐个书写。文字或数字发生错误要按照规定的方法更正。

(5)严格按实验程序进行独立操作。模拟实验原则上要求实验者独立完成，弄清每个模拟实验项目的目的和要求，严格按照要求和程序进行操作，认真履行工作职责，遵守会计职业道德，圆满完成实验任务。对于模拟实验中的共性问题，指导教师应进行系统讲解，对于个别问题，实验者可以请教指导教师或与其他实验者共同商讨，也可参考其他相关资料。

(6)做好会计档案的整理和装订工作。会计凭证、会计账簿和会计报表是重要的会计档案，这是记录和反映企业经济业务的史料和凭据，每位学生必须在完成会计模拟实验的基础上，按规定的归档制度，整理会计档案，并装订成册，妥善保管并作为考核的依据。

(7)认真撰写实验报告。全部实验结束后，要求每位实验者写出一份总结模拟实验报告，进一步熟悉、掌握有关知识，提高分析问题和解决问题的能力。实验指导教师应根据实验者的实验作品质量和实验小结报告，为实验者进行实验鉴定，给出实验成绩。

(二)主要内容

(1)设置会计科目与开设账户。根据会计模拟实验所提供的相关内容，设置必需的会计科目，并在此基础上开设总分类账户、明细分类账户和现金日记账、银行存款日记账，并按规定设置相关的专栏。

(2)登记期初数额。根据所设置的相关账户、现金日记账和银行存款日记账，将期初余额记入日记账、明细账和总账的相应期初余额栏内，并在摘要栏内注明“期初余额”字样。

(3)填制原始凭证。根据模拟资料中的给定业务，由实验者按业务内容填制各种外来原始凭证和自制原始凭证，为进一步实验奠定基础。

(4)审核原始凭证。实验者在填制原始凭证之后，应运用所学的专业理论知识，对照实验的每笔具体业务内容，对原始凭证的各个要素进行逐一审核，确保原始凭证的合法性、合理性、有效性和完整性，并在审核后由实验者本人在凭证的有效部位签字盖章。

(5)编制记账凭证。按照经济业务发生时间的先后顺序，根据审核无误的原始凭证或原始凭证汇总表，编制通用式记账凭证，同时将原始凭证剪下，附在记账凭证后面，并予以连续编号。

(6)登记日记账。根据所编制的记账凭证中涉及的库存现金和银行存款业务，逐日、逐笔登记现金日记账和银行存款日记账，并随时结出账面余额，以示日清月结，并于期末编制银行存款余额调节表。

(7)登记明细账。根据所编制的记账凭证及其所附的原始凭证，随时登记有关明细账簿，并随时结出本期发生额和账面余额。

(8)编制科目汇总表。根据实验所编制的记账凭证，按照相同的会计科目进行归类，在发生额试算平衡的基础上，按旬、半月或月分别汇总每一会计科目的借方发生额和贷方发生额，并将发生额填列到科目汇总表的相应栏目内。

(9)登记总账。根据实验者所编制的科目汇总表，定期登记总账相应账户的借方发生额和贷方发生额，并根据总账的借方发生额和贷方发生额计算出每个账户的余额，期末进行余额试算平衡,为编制会计报表作好准备。

(10)对账和错账更正。在进行成本计算之前,编制有关总账与所属明细账本期发生额及余额对照表,检查总账与所属明细账的记录有无差错。要求将账簿记录与记账凭证、账簿与账簿之间的有关数字进行核对,并确保账证、账账相符。

(11)账项调整、成本计算。在结账之前要进行账项调整,包括调整收入、费用账户中尚未消耗的费用或尚未实现的收益,补充登记经济业务已经发生、尚未登记入账的账项,使账簿记录与实际相符,在此基础上进行成本计算,真实地反映经营成果和财务状况。

(12)结账。期末报表前编制结账分录,过入总分类账与有关的明细分类账,结清各损益账户,结算本期利润总额。将各账户加计本月合计和本年累计,并划红线表示结账,有期末余额的账户应同时结转下年。

(13)编制会计报表。根据模拟企业期初的相关资料、模拟操作月份,以及实验者自己账面核算的结果,编制资产负债表、利润表和相关纳税申报表等。

二、实验实施程序指引

会计模拟实验指导教师应根据学生的具体情况,制定模拟实验的具体计划,包括实验的时间安排、场地安排、资料准备、学生实验质量考核评分标准制定等,以确保实验的正常运行和如期完成。

在会计模拟实验开始时,教师应对参加实验的学生进行一次总动员,使学生明确参加会计模拟实验的重要性,认真对待实验过程中有关会计凭证的取得、填制、审核,会计账簿的登记、核算,会计报表的编制等各项会计实务工作,不得抱有敷衍了事的态度。

指导教师在实验过程中应全程指导,包括对一些重点问题的指示、随时解答学生提问、适时给出参考答案等,以确保学生在实验中能正确完成会计账务处理。

三、企业会计实务基础技能介绍

会计模拟实验将会计理论与会计实务融于一体,旨在帮助学生将在课堂上学到的会计理论知识与会计实际工作有机地结合起来,用学到的会计理论解决“模拟”中的实际问题。会计模拟实验有助于加深学生对会计理论知识的理解,使学生系统地掌握企业会计核算工作的全过程,掌握编制会计凭证、登记账簿、编制财务报表的实际操作方法和程序,以及实际工作中必须了解的业务知识,提高学生对会计技能的运用水平,缩短毕业后适应企业财务工作岗位的“时滞”,为培养会计应用型人才奠定坚实的基础。

四、会计学实验的任务

(一)巩固学习内容,掌握会计操作的基本技能

会计模拟实验主要是通过在会计模拟实验室、课堂等场所对学生进行会计模拟操作,以使学生巩固所学的会计核算基本理论和知识,全面、系统地熟悉会计凭证的填制和审核、会计账簿的登记与管理、会计报表的编制等基本技能。

(二)加深对会计的理解和认识,激发学生学习会计课程的兴趣

会计学是一门理论性和实践性都很强的学科,然而在教学过程中,由于学生对企业实际情况缺乏了解,会计学的学习似乎就是去默背各种借贷的会计分录,对会计的“证账表”循环无法

形成系统认识。编制经济业务事项的会计分录是会计确认和计量的核心内容，但这并不是会计工作的全部，编制会计分录仅仅是学习会计语言的“单词”，如何将这些“词汇”组织成一篇优美的文章——“会计报告”则更为重要。通过财务分析“欣赏”这些文章，为报表使用者作出经济决策提供相关信息则是会计工作的最终目标。

通过尽可能“仿真”的模拟实验，在基本掌握会计核算中证、账、表的编制技能和审核方法的基础上，将所学的会计基本原理和基本技术方法与会计具体核算操作的实验结合起来，坚持理论联系实际，从而加深对会计的认识，激发学生对会计课程的兴趣，培养学生的成就感，为进一步学习财务会计、成本会计、财务分析等课程奠定基础。

(三)培养学生良好的工作作风和职业素养

会计模拟实验课程不同于理论课程的学习，学生需要分析经济业务，填制、审核会计凭证，根据审核无误的会计凭证登记会计账簿，进行账项调整、结账与更正错账，以及编制会计报表等各项工作，任务繁重。每项工作都需要认真踏实、耐心细致。在日常的专业理论教学中，学生对此体会不深。通过会计模拟实验进行职业职能训练，要求学生如同在企业办公室一样，做到严谨、认真、整洁、高效，可以使学生养成良好的工作习惯和职业素养，为日后成为忠于职守、勤奋工作、求真务实、遵纪守法、团结协作的现代财务人才打下坚实基础。

(四)通过撰写实验报告提高写作水平和分析解决问题的能力

学生不仅应在规定的时间内交出实验的成套作品，而且要写出实验报告。实验报告应围绕实验目的、实验内容、实验要求和步骤、实验结果、实验体会和建议等。撰写实验报告既可以提高写作水平，培养运用所学知识发现问题、分析问题和解决问题的能力，同时可以引发学生对未来职业生涯规划的思考。

第二章　实验操作

实验一　会计书写规范训练

会计书写规范是对企业会计事项书写时采用书写工具、文字或数字、书写要求、书写方法及格式等方面进行的规范。会计文字和数字书写规范是会计的基础工作标准，直接关系到会计工作质量的优劣和会计管理水平的高低，以及会计数据资料的准确性、及时性和完整性。

一、实验目的

会计凭证、会计账簿等是重要的会计核算资料，其书写质量会直接影响会计信息的质量，影响会计核算工作的连续性、安全性和可追溯性。财政部制定的《会计基础工作规范》，对填制会计凭证、登记账簿和编制报表时阿拉伯数字、汉字大小写金额数字、货币符号等书写都有具体的技术要求，要规范、清晰、工整、便于辨认，而且要有助于防止舞弊。所以，组织学生进行会计书写规范的实验，可以实现以下目的：

(1)掌握正确、规范的会计文字及数字书写方法等基础技能。

(2)锻炼学生养成准确记账、及时记账和扎实的职业素质。

(3)培养实事求是、严谨、高效的工作作风。

二、实验要求

1. 总体要求

会计书写规范，是会计人员应掌握的基本技能，总体上有以下要求：

(1)正确——文字和数字书写正确。

(2)规范——书写符合财经法规和会计准则，不滥用简化字、繁体字。

(3)清晰——不连写、不草写，签名用全称。

(4)整洁——书写工整、匀称，无涂改、乱擦、挖补现象。

(5)美观——结构安排合理，美观大方。

2. 具体要求

(1)会计阿拉伯数字的书写要求。会计阿拉伯数字的书写是计算工作的重要组成部分，同时也是经济工作者，特别是会计、统计和企管工作人员的一项基本技能。规范地书写阿拉伯数字，是我国会计人员应掌握的基本功。重视会计工作中阿拉伯数字的书写训练，有助于会计人员职业素质的提高。会计工作中，尤其是会计记账过程中，阿拉伯数字书写同普通的汉字书写有所不同，且已经约定俗成，形成会计数字的特有书写格式。

①各数字自成体型，大小匀称，笔顺清晰，合乎手写体习惯，流畅、自然。

②书写时字迹工整，排列整齐有序，且有一定的倾斜度(数字的中心斜线与数字格底线成50°～60°的倾斜角)，并向右倾斜。

③书写数字时，应使每位数字(7、9 除外)紧靠数字格底线，一般应占格距的 1/2，上方预留 1/2，以便需要进行错误更正时可以再次书写。一般来讲，每位数字之间不要连结(连写)。

④对一组数字的正确书写，应按照自上而下、先左后右的顺序进行，不可逆方向书写；在没有印刷数字格的会计书写中，同一行相邻数字之间应突出半个数字的位置。

⑤除 4、5 以外的各单数字，均应一笔写成，不能人为地增加数字的笔划；但注意整个数字要书写规范、流畅、工整、清晰、易认不易改。

⑥位次要整齐。如在会计运算或会计工作底稿中，运用上下几行数额累计加减时，应尽可能地保证纵行累计数字的位数对齐，以免产生计算错误。

⑦对于不易写好、容易混淆且笔顺相近的数字，尽可能地按标准字体书写，区分笔顺，避免混同，以防涂改。如："1"不能写短，且要合乎斜度要求，防止改为"4""6""7""9"；书写"6"字时可适当扩大字体，竖上至上半格 1/4 处，下圆要明显，以防改为"8"；"7""9"两字上低下半格的四分之一，下伸次行上半格的四分之一；"4""6"两字起笔要微微地张口；"6""8""9""0"都必须把圆圈笔划写顺，并一定要封口；"2""3""5""8"应各自成体，避免混同。

⑧除采用电子计算机处理会计业务外，会计数字应采用规范的手写体书写，不得使用其他字体。只有这样，会计数字的书写才能规范、流畅、清晰，合乎会计工作的书写要求。

请学生对照"阿拉伯数字会计书写参考字体"(表 2.1.1)勤奋练习。

表 2.1.1　　阿拉伯数字会计书写参考字体

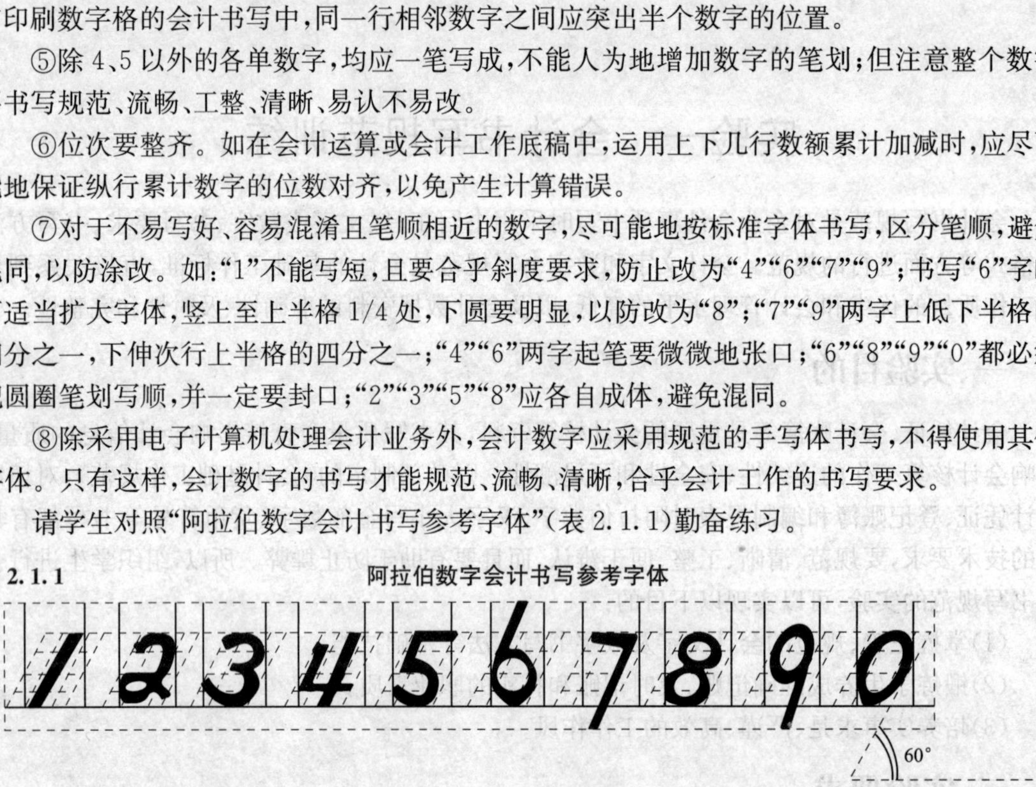

⑨数字书写错误的更正方法。数字书写错误一般采用画线更正法。如写错一个数字，不论在哪位，一律用红线全部画掉，在原数字的上边对齐原位写上正确数字。假设数字 78 368 580.30 错写为 78 863 580.30，则其正确的改正方法如表 2.1.2 所示。

表 2.1.2　　数字书写错误的更正方法

正确的改正方法			万	千	百	十	万	千	百	十	元	角	分		
			￥	7	8	3	6	8	5	8	0	3	0		
			￥	~~7~~	~~8~~	~~8~~	~~6~~	~~3~~	~~5~~	~~8~~	~~0~~	~~3~~	~~0~~		
错误的改正方法			万	千	百	十	万	千	百	十	元	角	分		
						3	6	8							
			￥	7	8	~~8~~	~~6~~	~~3~~	5	8	0	3	0		

(2)文字书写的基本要求。

①简明扼要准确。用简短的文字把经济业务发生的内容记述清楚，在有格式限制的情况下，文字数目多少，要以写满但不超出该栏格为限。

②字迹工整清晰。书写时用正楷或行书，不能用草书；不宜过大，一般上下要留空隙，也不宜过小；不能过于稠密，要适当留字距；不能写得大小不一。

(3)大写数字的基本要求。

①大写金额前要冠以“人民币”字样，“人民币”与金额首位数字之间不留空位，数字之间更不能留空位，写数与读数顺序要一致。

②人民币以元为单位，元后无角分的需要写“整”字。如果到角为止，角后也可以写“整”字；如果到分为止，分后不写“整”字。

③金额数字中间连续几个“0”字时，可只写一个“零”字。如500.70元，应写作“人民币伍佰元零柒角整”。

④表示位的文字前必须有数字。如：“拾元整”应写作“壹拾元整”。

⑤切忌用其他字代替，如：“零”不能用“另”代替，“角”不能用“毛”代替等。

(4)摘要的书写。文字书写中一部分是摘要的书写，包括记账凭证的摘要、各种账簿的摘要。摘要是记录经济业务的简要内容，书写时应用简明扼要的文字反映经济业务概况。

摘要书写的一般要求是：

①以原始凭证为依据。

②正确反映经济业务的内容。

③文字少而精，说明主要问题。

④书写字体占格的1/2为宜。

⑤字迹与文字书写要求相同，要工整、清晰、规范。

三、实验步骤

(1)正确计算、规范填写凭证金额，在小写金额前用￥(或其他币种)符号封顶；

(2)汉字大写一律用正楷字或者行书书写，不得使用简化字，不得任意造简化字；

(3)大写、小写金额书写要相符。

四、实验资料

1. 阿拉伯数字书写规范

参照标准书写字体(见表2.1.1)，在以下练习纸中练习阿拉伯数字规范书写。

2. 汉字数字规范书写

在练习纸中规范书写汉字大写数字。

零	壹	贰	叁	肆	伍	陆	柒	捌	玖	拾	佰	仟	万	亿	整
零															
壹															
贰															
叁															
肆															
伍															
陆															
柒															
捌															
玖															
拾															
佰															
仟															
万															
亿															
整															
元															
角															
分															

3. 金额数字规范书写

在以下练习纸中规范地书写大、小写金额数字。

(1)小写:￥6 347.00

大写:

(2)大写:人民币伍佰贰拾元零柒角叁分

小写:

(3)小写:￥8 097 324.05

大写:

(4)小写:￥162 902 312.80

大写:

(5)小写:人民币肆仟陆佰伍拾捌元整

大写:

(6)小写:￥409 812.60

大写:

(7)大写:人民币壹拾玖万零柒佰陆拾贰元整

小写:

(8)小写:29 492 304.75

大写:

(9)大写:人民币玖万零叁拾元柒角陆分

小写:

(10)小写:人民币叁拾贰万柒仟肆佰陆拾贰元伍角整

大写:

将以上10小题规范地填写在以下账表中。

会计凭证、账表上的小写金额									原始凭证上的大写金额栏
没有数位分割线	有数位分割线								
	百	十	万	千	十	元	角	分	
									人民币:
									人民币:
									人民币:
									人民币:
									人民币:
									人民币:
									人民币:
									人民币:
									人民币:
									人民币:

4. “年月日”规范书写

练习并规范地写出下列“年月日”大写书写。

(1)年月日小写:2009-01-08

年月日大写:

(2)年月日小写:2009-06-15

年月日大写:

(3)年月日小写:2009-11-27

年月日大写:

(4)年月日小写:2010-03-12

年月日大写:

(5)年月日小写:2010-10-01

年月日大写:

(6)年月日小写:2010-08-26

年月日大写:

(7)年月日小写:2011-07-10

年月日大写:

(8)年月日小写:2011-09-24

年月日大写:

(9)年月日小写:2011-05-31

年月日大写

(10)年月日小写:2012-02-29

年月日大写:

(11)年月日小写:2012-12-13

年月日大写:

(12)年月日小写:2012-04-30

年月日大写:

五、实验思考

(1)会计书写规范的重要性是什么?

(2)为什么说数字的书写规范是会计人员的基本功?

(3)数字书写错误的正确更正方法是什么?

(4)大写、小写数字的正确书写中有哪些注意事项?

(5)经济业务中摘要书写的一般要求是什么?

(6)指出下面在书写大写金额时出现的问题,并进行改正。

①小写金额 6 500 元　　写法:人民币:陆仟伍佰元整

②小写金额 3 150.50 元　　写法:人民币叁仟壹佰伍拾元伍角整

③小写金额 105 000.00 元　　写法:人民币拾万伍仟元整

④小写金额 60 036 000.00 元　　写法:人民币陆仟万零叁万陆仟元整

⑤小写金额 35 000.96 元　　写法:人民币叁万伍仟零玖角陆分

⑥小写金额 150 001.00 元　　写法:人民币壹拾伍万元另壹元整

实验二 原始凭证的填制

一、实验目的

原始凭证是直接记录经济业务、明确经济责任，具有法律效力并作为记账凭证编制依据的证明文件，其主要作用是证明经济业务发生和完成的情况。原始凭证的填制是会计核算工作的起点，是完成其他会计核算工作的基础，对会计信息质量的影响起着至关重要的作用，真实、准确、完整地填制原始凭证是对会计人员的基本要求，也是会计核算工作顺利进行的保障。填制原始凭证可以实现以下目的：

(1)掌握经济业务事项的概念、确认标准，能确认经济业务事项。

(2)掌握原始凭证的概念、种类、内容，能确认各种不同类型的原始凭证，能对不同的原始凭证正确归类汇总，能判断不同类型经济业务事项所应用的原始凭证。

(3)熟练掌握各类原始凭证的要素要求、填制要求、书写规则，能正确、规范地填写、打印各种原始凭证，尤其是银行结算票据、专用发票和自制的各种原始凭证。

二、实验要求

原始凭证又称单据，是经办单位或人员在经济业务发生时取得或填制的，用以记录或证明经济业务发生或完成情况的文字凭据，一般而言，在会计核算过程中，凡是能够证明某项经济业务已经发生或完成情况的文字凭据均可以作为原始凭证，如有关的发票、车票、银行结算凭证、收料单、领料单、工资发放表等。如果不能证明经济业务已经发生或完成情况，就不能作为原始凭证或登账依据，如生产计划、购销合同、材料请购单、银行对账单等。

1. 确认原始凭证的种类

(1)原始凭证按来源的填制单位不同，有自制原始凭证和外来原始凭证。

①自制的原始凭证指由本单位内部经办业务部门和人员，在执行或完成某项经纪业务编制的、仅供本单位内部使用的原始凭证。如企业购进材料验收入库时，由仓库保管人员填制的“收料单”或“产品入库单”，生产车间向仓库领用材料时填制的“领料单”，销售部门因销售向仓库领用产品时填制的“产品出库单”，还有“工资结算单”“制造费用分配表”“固定资产折旧计算表”等。自制原始凭证提供给外单位的一联，也应加盖本单位的公章。

②外来原始凭证指在经济业务发生或完成时，从其他单位或个人直接取得的原始凭证。例如，从银行取得的结算凭证，从供货单位取得的购货发票，上缴税务部门的缴税单，乘坐交通工具的汽车票、火车票、船票、飞机票等。凡外来原始凭证必须盖有开票单位的公章或财务专用章，并有财税机关统一发票检验章方为有效。

(2)按填制手续不同，有一次凭证、累计凭证和汇总凭证。

①一次凭证指一次填制完成、只记录一笔经济业务的原始凭证，也是一次有效的凭证。外来的原始凭证一般都是一次凭证，自制原始凭证中大多数也是一次凭证；日常的原始凭证多属此类，如采购材料时取得的“购货发票”，销售产品时开出的“销货发票”，出纳收到款项时开具的“现金收据”，支付货款时开具的“转账支票”等。

②累计凭证指在一定时期内多次记录发生的同类型经济业务的原始凭证。其特点是在一张凭证内可以连续登记相同性质的经济业务，随时结出累计数及结余数，并按照费用限额进行费用控制，期末按实际发生额记账。累计凭证是多次有效的原始凭证。这类凭证的填制手续是随着经济业务的发生而多次进行才能完成的。如“费用限额卡”“限额领料单”等，一般为自制原始凭证，“限额领料单”就是制造业最典型的累计凭证。

③汇总凭证，也称原始凭证汇总表，指对一定时期内反映经济业务事项内容相同的若干张原始凭证，按照一定标准综合填制的原始凭证。汇总原始凭证所汇总的内容，只能是同类经济业务，不能汇总两类或两类以上的经济业务。汇总凭证也是一种自制的原始凭证，如发出材料汇总表、工资结算汇总表、销售日报表、差旅费报销单等。

(3)按格式不同，有通用凭证和专用凭证。

①通用凭证指由有关部门统一印制、在一定范围内使用的具有统一格式和使用方法的原始凭证。通用凭证格式标准，内容规范，便于管理。

②专用凭证是指由单位自行印制，仅在本单位内部使用的原始凭证。如“制造费用分配表”“差旅费报销清单”“借款单”等。

原始凭证的填制，一般由发生经济业务单位的经办人员填写，其中大部分由企业、事业单位业务部门的经办人员填写，少部分由会计人员填写。

2. 明确原始凭证的种类，正确填制原始凭证

(1)要求对经济业务的内容进行审核，审核无误后才能填制原始凭证。

(2)根据经济业务填制相应的原始凭证，要求采用本部门、本企业或本地区，或全国统一规定的标准格式。原始凭证的项目要填写齐全，如名称、接受单位名称、日期、业务内容、金额、填制单位和填制人员及有关人员的名章和签名，以及凭证的附件和凭证的编号等都要填写，不得漏填；凭证书写要清楚，文字和数字要用蓝、黑色钢笔水或碳素笔书写，如有书写错误，应按规定方法更正或作废，不得污染、抹擦、刀刮或挖补；凭证填制要真实地反映经济业务，按规定时间填写；检查有关手续是否完备。符合以上要求，凭证填制才算完成。

3. 按规定要求书写会计数码

在会计的凭证、账簿和报表上书写阿拉伯数字与在其他方面的写法不同，已形成一定的规矩，一般称为会计数码。其书写要求：

(1)字迹清晰。

(2)位置适当，有一定的倾斜度。

数字写在横格上，高度为1/2或1/3，不要顶格，斜度为50°～60°左右，稍微右斜，斜度一致，各行数字间有间隙。如：*1234567890*。

此外，不得使用未经国务院公布的简化汉字；对阿拉伯数字要逐个写清楚，不得连写；属于套写的凭证一定要写透，不能上联清楚下联模糊；大、小写数字金额要符合规定，大写金额数字应一律用壹、贰、叁、肆、伍、陆、柒、捌、玖、拾、佰、仟、万、亿、元、角、分、零、整等；金额数字中间有“0”字时，如小写“102.50”，大写金额写成“壹佰零贰元伍角整”；小写金额中连续有几个“0”字时，大写金额中可只写一个“零”字；大写金额有角分的，元、角后写“整”，分后不写“整”字；如果填写凭证时出现错误需要更正时，应用画线更正法更正，即将写错的文字或数字，用红线画掉，将正确的数字和文字写在画线部分的上方，并加盖经手人印章；提交银行的各种结算凭证的大小写金额一律不准更改，并且，支票的正联日期要求大写，如2012年3月10日签发的支票，日期应写为“贰零壹贰年零叁月壹拾日”，如果填写错误，应加盖“作废”戳记，重新填写。

4. 原始凭证基本内容填列

由于经济业务复杂，原始凭证记录的内容也多种多样，每一种原始凭证的具体内容和格式也各不相同，但是，为了发挥原始凭证的应有作用，无论哪一种原始凭证都必须具备一些共同的基本内容，这些基本内容通常称为凭证要素，主要包括以下内容：

(1)原始凭证的名称。它表明了该种凭证的用途。

(2)填制凭证的日期。票据的出票日期应该是业务发生当日，它用以表明某项经济业务发生的时间。

(3)接受凭证的单位名称。

(4)经济业务的基本内容。该项包括经济业务涉及的商品物资的品种、数量、规格、单位、单价和金额等。

(5)填制单位的名称和有关人员的签字盖章。

(6)凭证的编号。

下面是一张典型的原始凭证，现金支票。

中国工商银行
现金支票存根
10241620
00516259

附加信息

出票日期 20 年 5 月 1 日

收款人：丹阳市北国有限责任公司
金 额：￥8 000.00
用 途：提备用金

单位主管 会计

本支票支付期限十天

中国工商银行 现金支票 10241620 00516259

出票日期(大写)贰零 年零伍月零壹日 付款行名称：工行沿海路分理处
收款人：丹阳市北国有限责任公司 出票人账号：211010300527168

人民币(大写)		万	千	百	十	万	千	百	十	元	角	分
	捌仟元整					￥	8	0	0	0	0	0

用途 提备用金 密码
上列款项请从
我账户支付
出票人签章 复核 记账

有些原始凭证除了包括上述基本内容以外，为了满足计划统计等其他业务方面的需要，还要填入一些补充内容。例如，在有些原始凭证上要注明与该笔经济业务有关的计划指标、预算项目和经济合同等。

三、实验步骤

1. 熟悉经济业务、事项

在填制原始凭证之前，要熟悉每笔经济业务事项。经济业务事项，是指企业在生产经营中发生的，能够用货币计量的，并能引起和影响会计要素发生增减变动的事项。一般包括经济业务和经济事项两类。

(1)经济业务又称经济交易，是指企业在生产经营过程中与其他经济组织和个人之间发生的各种经济利益交换，如购买材料、销售产品、向银行借款、吸收投资、劳务交换、资产转移、款项结算等经济活动。

(2)经济事项是指企业内部发生的具有经济影响的各类事件,如领用材料、固定资产计提折旧,分配费用等经济活动。

2. 填制原始凭证

在熟悉经济业务事项的基础上,逐笔检查业务手续是否健全,并按要求填制有关原始凭证。

3. 检查原始凭证(略)

四、实验资料

企业名称:丹阳市北国有限责任公司

企业地址:辽宁省丹阳市沿海路 58 号

注册类型:有限责任公司

开户银行:中国工商银行丹阳市沿海路分理处

账　　号:211010300527168

税务登记号:210245657580068 为增值税一般纳税人

电　　话:86523768

经营范围:生产并销售 A、B 产品

法人代表:蒋振新

20××年 6 月企业发生下列经济业务:

(1)1 日,从银行提取现金 2 000 元,以备日常开支。出纳员开出现金支票一张。请填制现金支票。

中国工商银行
现金支票存根
10241630
00516259

附加信息

出票日期　　年　月　日

收款人:	
金　额:	
用　途:	

单位主管　　　会计

中国工商银行　现金支票　　10241630 00516259

本支票支付期限十天

出票日期(大写)　　年　　月　　日　付款行名称:

收款人:　　　　　　　　　　　　　　出票人账号:

人民币(大写)		万	千	百	十	万	千	百	十	元	角	分

用途＿＿＿＿＿＿　密码＿＿＿＿＿＿

上列款项请从
我账户支付
出票人签章　　　　　　　　复核　　　　记账

注:支票填写须知。

①支票是出票人签发的,委托办理支票存款业务的银行在见票时无条件支付确定的金额给收款人或持票人的票据,一般分为现金支票和转账支票。支票由中间的分割线分成两部分,存根联对应支票正联填写相同项目,正联填好后最终流向银行,银行作为从出票人账户支付款项的原始凭据。

②手签支票正联时,应按照支票簿的编号顺序依次使用,要用碳素墨水或墨汁填写,出票日期,必须按实际出票日期中文大写。

③收款人填写。现金支票可以提现金也可以转账,收款人可写收款单位名称或个人姓名,到银行取款时要

加盖背书。转账支票收款人应填写对方单位。付款行名称及出票人账号即为出票人单位开户行名称及银行账号。支票上应加盖出票单位预留印鉴(支票专用章和法人章)。

④大、小写金额必须填写齐全,如有错误不得更改,应另行签发,在小写金额数字前加“￥”金额符号封顶。简明扼要地填写支票的用途。现金支票用途有一定限制,一般填写“提备用金”“发放工资”“报销差旅费”。转账支票没有具体规定。

⑤签发人必须在银行账户余额内按照规定向收款人签发支票,对签发空头支票、签章(财务专用章、名章)与预留印鉴不符的支票,银行除了退票,还会按票面金额处以5%但不低于1 000元的罚款;持票人有权要求出票人赔偿支票金额2%的赔偿金。

(2)1日,收到丹阳市新华有限责任公司前欠货款816 000元,收到转账支票一张,请填写进账单。(进账单填写:填写收款人、付款人的名称,开户银行,账号,大小写金额,票据种类填写“现金支票”“转账支票”,票据张数用大写数字填写票据的实有张数,票据号码填写支票号码。)

中国工商银行 转账支票

11256002
00517325

本支票支付期限十天

出票日期(大写)贰零 年零陆月零壹 日　　付款行名称:工行兴安分理处

收款人:丹阳市北国有限责任公司　　出票人账号:211010243242567

人民币(大写)		万	千	百	十	万	千	百	十	元	角	分
	捌拾壹万陆仟元整			￥	8	1	6	0	0	0	0	0

用途 偿还贷款　　密码

上列款项请从

我账户支付

出票人签章　　复核　　记账

ICBC 中国工商银行进账单(收账通知)

年 月 日　　№0392883

出票人	全 称		收款人	全 称								
	账 号			账 号								
	开户银行			开户银行								
金额	人民币(大写)		千	百	十	万	千	百	十	元	角	分
票据种类及张数												
票据号码												
复核	记账		收款单位开户银行盖章 月 日									

此联是收款人开户行交给收款人的收账通知

(3)2日,财务科黄晓因开会需要出差长春,经科长张萍同意批准,预借差旅费3 000元现金。请填写借款单。

借　款　单(记账)

20　年　月　日　　　　第　　号

借款部门		姓名		事由	
借款金额(大写)				¥	
部门负责人签署		借款人签章		注意事项	一、凡借用公款必须使用本单 二、第三联为正式借据由借款人和单位负债人签章 三、出差返回后三日内结算
单位领导批示		审核意见			

第三联　报销后返回原借款人

图 2.2.1 所示为借款单传递流程图。

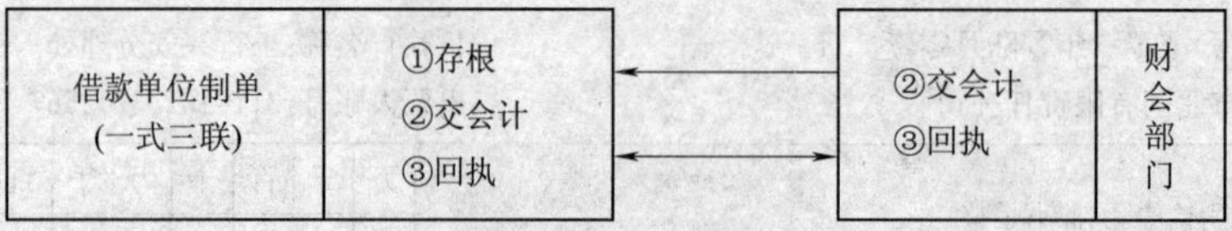

图 2.2.1　借款单传递流程图

(4)3 日，从吉林省白山市兴业有限责任公司购进乙材料 5 500 千克，货款、增值税进项税及对方代垫的运费均已通过电汇方式承付，材料已验收入库(二号仓库)。材料类别：原材料及主要材料，材料编号：802。要求填写收料单。

吉林省增值税专用发票

2200072620　　　　吉　林　　　　**№00319596**

抵　扣　联

开票日期：20　年 6 月 3 日

购货单位	名　称：丹阳市北国有限责任公司 纳税人识别号：210245657580068 地 址 电 话：沿海路 58 号 86523768 开户行及账号：工行丹阳市沿海路分理处 211010300527168					密码区	略	
货物或应税劳务名称	规格型号	单位	数量	单价	金额	税率	税额	
乙材料		千克	5 500	150.00	825 000.00	17%	140 250.00	
合　计					¥ 825 000.00		¥ 140 250.00	
价税合计(大写)	⊗玖拾陆万伍仟贰佰伍拾元整					(小写)¥ 965 250.00		
销货单位	名　称：吉林省白山市兴业有限责任公司 纳税人识别号：2102306768857375 地 址 、电 话：白山市朝阳路 25 号 85794558 开户行及账号：工商行高新支行 220-102285-212					备注		

收款人：赵蕾　　复核：李晓　　开票人：周卫国　　销货单位：(章)

第一联　抵扣联　购货方扣税凭证

吉林省增值税专用发票

2200072620　　　　吉　林　　　　№00319596

发　票　联

开票日期:20　年6月3日

购货单位	名　称:丹阳市北国有限责任公司 纳税人识别号:210245657580068 地 址 电 话:沿海路58号86523768 开户行及账号:工行丹阳市沿海路分理处211010300527168				密码区	略		
货物或应税劳务名称	规格型号	单位	数量	单价	金额	税率	税额	
乙材料		千克	5 500	150.00	825 000.00	17%	140 250.00	
合　计					￥825 000.00		￥140 250.00	
价税合计(大写)	⊗玖拾陆万伍仟贰佰伍拾元整					(小写)￥965 250.00		
销货单位	名　称:吉林省白山市兴业有限责任公司 纳税人识别号:2102306768857375 地 址 电 话:白山市朝阳路25号85794558 开户行及账号:工商行高新支行220-102285-212				备注			

第二联 发票联 购货方记账凭证

收款人:赵蕾　　复核:李晓　　开票人:周卫国　　销货单位:(章)

注:①增值税专用发票是用票单位取得经营收入时要到税务部门购买空白增值税发票,在防伪税控系统中机打票,发生退货或错票退票时要打负数票。常用的是一式三联票。

- 第一联:绿色抵扣联,购货单位经过税务部门验证留存备查。
- 第二联:棕色发票联,购货单位记账。
- 第三联:黑色记账联,销货单位记账联。

②"金额"栏应填写不含税的销售额,"税额"栏填写金额栏乘以税法规定的税率。"价税合计"栏填写金额栏合计加税额栏合计之和,并用汉字大写数码填列,"￥"码后用阿拉伯数字填写价税合计数。

③"销货单位"的"名称""纳税登记号""地址""电话""开户行及账号"等信息已事先在系统中设置完成。销货单位栏加盖在税务机关的发票部门预留印鉴的"发票专用章"或"财务专用章"。签名处不能省略。

铁 路 局 货 票

付款单位:白山市兴业有限责任公司　　　　发运日期:20　年6月3日

车　型		运价里程		现　付	
发　站	长白	到　站	丹阳	运　费	1 650.00
发货人	吉林省兴业有限责任公司	收货人	丹阳市北国有限责任公司	保管费	
				装运费	
货物名称	件数	重量(千克)	费率	保险费	
乙材料		5 500	0.30		
				合　计	1 650.00

ICBC 中国工商银行**电汇凭证**（回单） 1

☑普通 □加急 委托日期 20 年 6 月 3 日 流水号 01010

汇款人	全称	丹阳市北国有限责任公司	收款人	全称	吉林省白山市兴业有限责任公司
	账号	211010300527168		账号	220-102285-212
	汇出地点	辽宁省 丹阳市/县		汇入地点	吉林省 长白市/县
汇出行名称		工商行丹阳市沿海路分理处	汇入行名称		工商行高新支行
金额	人民币（大写）：	玖拾陆万陆仟玖佰元整	千 百 十 万 千 百 十 元 角 分		¥ 9 6 6 9 0 0 0 0
汇出行签章			支付密码 附加信息及用途：货款		
			复核 戴红		记账 路明

此联汇出行给汇款人回单

图 2.2.2 所示为收料单传递流程图。

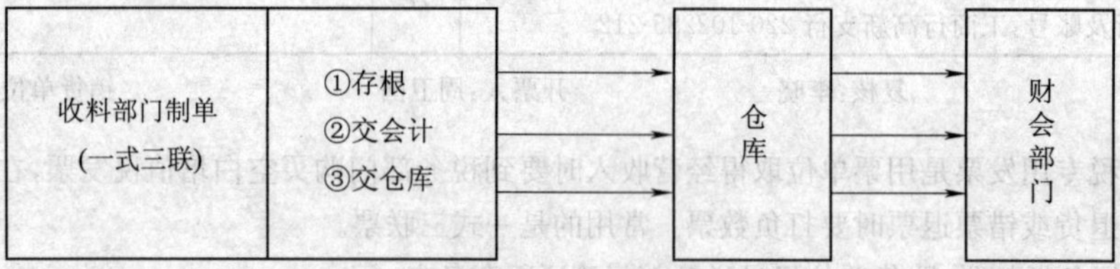

图 2.2.2 收料单传递流程图

收 料 单

供货单位： 年 月 日 第 号

材料类别： 收料仓库：

材料编号	材料名称		规格	单位	数量		实际成本			
	发票编号	入账名称			应收	实收	原价		运杂费	合计
							单价	金额		

第二联 财会部门

会计主管 记账 仓库 负责 收料 填制

(5)6 日，丹阳市北国有限责任公司签发转账支票，将 6 月份实发工资转入职工工资卡中，并从工资中代扣代收有关款项。请填制转账支票。

中国工商银行 转账支票存根 21036735 00516259	中国工商银行 转账支票	21036735 00516259

中国工商银行
转账支票存根
21036735
00516259

附加信息

出票日期　　年　月　日

收款人：
金　额：
用　途：

单位主管　　　会计

本支票支付期限十天

中国工商银行　转账支票　21036735 00516259

出票日期(大写)　　年　　月　　日　付款行名称：

收款人：　　　　　　　　　　　　　出票人账号：

人民币(大写)	万	千	百	十	万	千	百	十	元	角	分

用途＿＿＿＿＿＿　密码＿＿＿＿＿＿

上列款项请从

我账户支付

出票人签章　　　　　复核　　　　记账

工资结算汇总表

单位：元

职工类别	应付工资	代扣款项			实发工资
		社会保险	住房公积金	合计	
A产品生产工人	68 000	8 160	8 160	16 320	51 680
B产品生产工人	57 000	6 840	6 840	13 680	43 320
车间管理人员	10 000	1 200	1 200	2 400	7 600
销售部门	8 000	960	960	1 920	6 080
管理部门	20 000	2 400	2 400	4 800	15 200
合计	163 000	19 560	19 560	39 120	123 880

(6)7日，销售给常青市群星有限责任公司(地址：常青市和平路53号；开户银行：中国工商银行常青市和平路分理处；账号：321000522885；税务登记号：24565811086677；电话：24592205)A产品400件，每台售价2 500元，增值税率17%，收到对方开出的为期六个月的商业承兑汇票。要求填写增值税专用发票。

商业承兑汇票

签发日期：20　年6月7日　　　　　　　　　　第102号

出票人	全　称	常青市群星有限责任公司	收款人	全　称	丹阳市北国有限责任公司
	账　号	321000522885		账　号	211010300527168
	开户银行	工行常青市和平路分理处		开户银行	工行丹阳市沿海路分理处

金额	人民币(大写) 壹佰壹拾柒万元整	亿	千	百	十	万	千	百	十	元	角	分
			¥	1	1	7	0	0	0	0	0	0

汇票到期日	贰零　年壹拾贰月零柒日	交易合同号 01818
备注：不带息商业承兑汇票		负责人：蒋乐　　经办人：柳青

此联给收款人

辽宁省增值税专用发票

2100103620 辽 宁 №02425011

此联不作报销、扣税凭证使用

开票日期：

购货单位	名 称： 纳税人识别号： 地 址 电 话： 开户行及账号：				密码区	略	
货物或应税劳务名称	规格型号	单位	数量	单价	金额	税率	税额
合 计							
价税合计（大写）					（小写）		
销货单位	名 称： 纳税人识别号： 地 址 电 话： 开户行及账号：				备注		

收款人： 复核： 开票人： 销货单位（章）

第三联 记账联 销货方记账凭证

(7)8 日，一车间为生产 A 产品需用甲材料，经车间主任李林峰批准，领料员江翠从一号仓库（保管员：田野）领出甲材料 3 000 千克，单价 120 元。要求填写领料单。

领 料 单

发料仓库：______ 年 月 日 第 8031 号

领料部门	车间 班（组）	用途	产品名称和编号	费用项目	其 他

类别： 编号	名称	规格	单位	数量 请领	实发	实际成本 单价	金额

会计主管 记账 仓库 负责 领料 填制

第三联 财会部门

领料单传递流程图如图 2.2.3 所示。

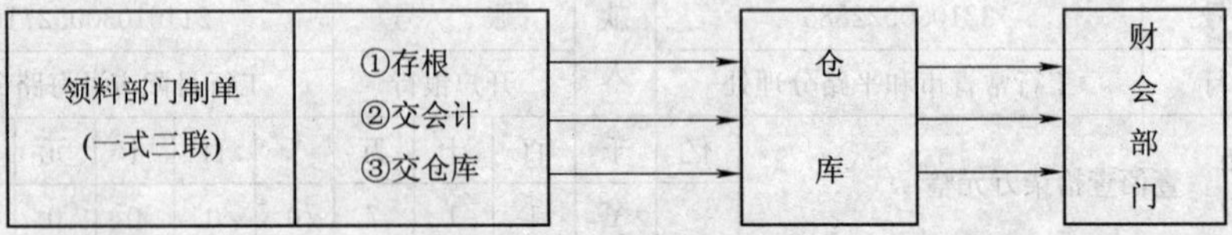

图 2.2.3 领料单传递流程图

(8)8 日，从丹阳市百货商场购入办公用品一批，计 540 元，用转账支票付讫。要求填写转账支票。

辽宁省丹阳市商业货物销售剪贴发票

发 票 联　　00350155

购货单位（人）：丹阳市北国有限责任公司　　20 年6月8日　　丹国税（XX）批（23）　号

货名及规格	单位	数量	单价	金额 千	百	十	元	角	分	备注
签字笔	支	8	5.00			4	0	0	0	本发票联大写金额与剪贴券剪留金额相符（元以下部分除外），否则无效。
打印纸	包	20	25.00		5	0	0	0	0	
合计金额（大写）	⊗仟伍佰肆拾零元零角零分			￥540.00						
结算方式	转账支票	开户银行及账号	211010300527168							

销货单位（盖章有效）　　收款人：　　开票人：李敏

无剪贴券无效

0 元

4 3 2 1 0 十元

5 4 3 2 1 0 百元

中国工商银行 转账支票存根 21036736 00516259	中国工商银行 转账支票　21036736 00516259
附加信息	本支票支付期限十天
出票日期　年　月　日	出票日期（大写）　年　月　日　付款行名称：
收款人：	收款人：　出票人账号：
金 额：	人民币（大写）　万 千 百 十 万 千 百 十 元 角 分
用 途：	用途　密码
单位主管　会计	上列款项请从我账户支付 出票人签章　复核　记账

(9)8日，销售给新京市南方机械制造有限公司(税务登记号 137800657869；地址电话：云峰路2号 86567769；开户行及账号：工行新京云峰分理处 22007189665825)B产品200台，每台售价2 000元，产品已发出。按合同规定采用托收承付结算方式。要求填写托收承付凭证(电划)。

注：托收凭证是根据购销合同由收款人发货后委托银行向异地付款人收取款项，由付款人向银行承诺付款的结算方式(一式五联)。

①收款人开户行返还给收款人的受理回单；

②收款人开户行的记账凭证；

③付款人开户行的记账凭证；

④收款人收账通知；

⑤付款人付款通知。

辽宁省增值税专用发票

2100103620　　　　辽　宁　　　　№02425012

此联不作报销、扣税凭证使用

开票日期：　年　月　日

<table>
<tr><td rowspan="4">购货单位</td><td colspan="5">名　　称：新京市南方机械制造有限公司</td><td rowspan="4">密码区</td><td colspan="3" rowspan="4">略</td></tr>
<tr><td colspan="5">纳税人识别号：137800657869</td></tr>
<tr><td colspan="5">地 址 电 话：云峰路2号 86567769</td></tr>
<tr><td colspan="5">开户行及账号：工行新京云峰分理处 22007189665825</td></tr>
<tr><td colspan="2">货物或应税劳务名称</td><td>规格型号</td><td>单位</td><td>数量</td><td>单价</td><td colspan="2">金额</td><td>税率</td><td>税额</td></tr>
<tr><td colspan="2">B产品</td><td></td><td>台</td><td>200</td><td>2 000</td><td colspan="2">400 000.00</td><td>17%</td><td>68 000.00</td></tr>
<tr><td colspan="2">合　计</td><td></td><td></td><td></td><td></td><td colspan="2">400 000.00</td><td></td><td>68 000.000</td></tr>
<tr><td colspan="2">价税合计（大写）</td><td colspan="8">⊗肆拾陆万捌仟元整　　　（小写）468 000.00</td></tr>
<tr><td rowspan="4">销货单位</td><td colspan="5">名　　称：丹阳市北国有限责任公司</td><td rowspan="4">备注</td><td colspan="3" rowspan="4"></td></tr>
<tr><td colspan="5">纳税人识别号：210245657580068</td></tr>
<tr><td colspan="5">地 址 电 话：沿海路58号 86523768</td></tr>
<tr><td colspan="5">开户行及账号：工行丹阳市沿海路分理处 211010300527168</td></tr>
</table>

收款人：　　　复核：　　　开票人：文波　　　销货单位（章）

第三联　记账联　销货方记账凭证

ICBC 中国工商银行托收凭证（受理回单）　1

委托日期　　年　月　日　　　　托收号码：0212

<table>
<tr><td colspan="3">业务类型</td><td colspan="8">委托收款（□邮划、□电划）　　托委承付（□邮划、□电划）</td></tr>
<tr><td rowspan="3">付款人</td><td>全　称</td><td colspan="3"></td><td rowspan="3">收款人</td><td>全　称</td><td colspan="4"></td></tr>
<tr><td>账　号</td><td colspan="3"></td><td>账　号</td><td colspan="4"></td></tr>
<tr><td>地　址</td><td>省　市县</td><td>开户行</td><td></td><td>地　址</td><td>省　市县</td><td>开户行</td><td colspan="2"></td></tr>
<tr><td>金额</td><td colspan="5">人民币（大写）</td><td colspan="5">亿 千 百 十 万 千 百 十 元 角 分</td></tr>
<tr><td colspan="2">款项内容</td><td colspan="2"></td><td>托收凭据名称</td><td colspan="2"></td><td colspan="2">附寄单证张数</td><td colspan="2"></td></tr>
<tr><td colspan="3">货物发运情况</td><td colspan="3"></td><td colspan="2">合同号码</td><td colspan="3"></td></tr>
<tr><td colspan="3">备注：
复核：　记账：</td><td colspan="4">款项收妥日期
年　月　日</td><td colspan="4">收款人开户银行签章
年　月　日</td></tr>
</table>

此联收款人开户行给收款人的受理回单

(10)8日，会计科黄晓出差归来，报销差旅费3 800元，车程3小时，火车票去程110元，返程98元，补助一天80元(天数7天)，住宿费一天240元，市内交通一天16元(票据略)。以现金补付借款差额，请填制报销单。

注：差旅费报销单，是企业派出的公出人员返回单位报销差旅费时填制的报销凭证，本单为单联式，由报销人填列，依据车船票、住宿费收据等凭证整理、归类填写，途中伙食等补助费用按差旅费的标准计算，然后送交公司财务人员作为现金退补的依据，本单后面应粘贴车票、住宿费发票等外来的原始凭证。

差 旅 费 报 销 单

单位： 年 月 日填

<table>
<tr><td rowspan="2">月</td><td rowspan="2">日</td><td rowspan="2">时</td><td rowspan="2">出发地</td><td rowspan="2">月</td><td rowspan="2">日</td><td rowspan="2">时</td><td rowspan="2">到达地</td><td rowspan="2">车船费
客票</td><td colspan="3">伙食补助</td><td rowspan="2">市内
交通费</td><td rowspan="2">住宿费</td><td rowspan="2">其他</td><td rowspan="2">合计</td></tr>
<tr><td>人数</td><td>天数</td><td>金额</td></tr>
<tr><td></td><td></td><td></td><td></td><td></td><td></td><td></td><td></td><td></td><td></td><td></td><td></td><td></td><td></td><td></td><td></td></tr>
<tr><td></td><td></td><td></td><td></td><td></td><td></td><td></td><td></td><td></td><td></td><td></td><td></td><td></td><td></td><td></td><td></td></tr>
<tr><td colspan="8">合 计</td><td></td><td></td><td></td><td></td><td></td><td></td><td></td><td></td></tr>
<tr><td colspan="2" rowspan="3">出差
事由</td><td colspan="3" rowspan="3"></td><td colspan="2">报销金额
(大写)</td><td colspan="6">万 仟 佰 拾 元 角 分</td><td colspan="2">预借金额</td><td></td></tr>
<tr><td colspan="2" rowspan="2">单位
领导</td><td colspan="2" rowspan="2">单位
主管</td><td colspan="2" rowspan="2">报
销
人</td><td colspan="2" rowspan="2"></td><td colspan="2">报销金额</td><td></td></tr>
<tr><td colspan="2">结余或超支</td><td></td></tr>
</table>

会计主管 记账 审核 附单据 拾 张

(11)8日，缴上月增值税、城市建设维护税、教育费附加。要求填写教育费附加缴款书。(教育费附加编号：103020301；级次：市级；税率3%；计税依据：增值税税额)

中华人民共和国
税收通用缴款书

国

隶属关系 国缴字028715号

注册类型 填发日期20 年6月8日 征收机关：市国税

<table>
<tr><td rowspan="4">缴
款
单
位</td><td>代 码</td><td colspan="2">024123456789012</td><td rowspan="3">预
算
科
目</td><td>编 号</td><td colspan="2">101010101</td></tr>
<tr><td>全 称</td><td colspan="2">丹阳市北国有限责任公司</td><td>名 称</td><td colspan="2">增值税</td></tr>
<tr><td>开户银行</td><td colspan="2">中国工商银行丹阳市沿海路分理处</td><td>级 次</td><td colspan="2">县区100%</td></tr>
<tr><td>账 号</td><td colspan="2">211010300527168</td><td colspan="2">收缴国库</td><td colspan="2">国库丹阳支库</td></tr>
<tr><td colspan="4">税款所属时期：20 年5月1日至20 年5月31日</td><td colspan="4">税款限缴日期：20 年6月10日</td></tr>
<tr><td colspan="2">品目名称</td><td>课税数量</td><td>计税金额或
销售收入</td><td colspan="2">税率或
单位税额</td><td>已缴或
扣除额</td><td>实缴金额</td></tr>
<tr><td colspan="2">生产加工业</td><td></td><td>2 700 000.00</td><td colspan="2">17%</td><td>306 000.00</td><td>153 000.00</td></tr>
<tr><td colspan="3">金额合计</td><td colspan="3">(大写)壹拾伍万叁仟元整</td><td colspan="2">￥153 000.00</td></tr>
<tr><td colspan="2">缴款单位(人)
(盖章)
经办人(章)</td><td colspan="2">税务机关
(盖章)
填票人(章)</td><td colspan="3">上列款项已收妥并划转收款单位
账户
国库(银行)盖章20 年6月8日</td><td>备注</td></tr>
</table>

第一联：(收据)国库收款盖章后退缴款单位

中华人民共和国
税收通用缴款书

地

隶属关系　　　　　　　　　　　　　　　　　　　　　　地缴字 00172232 号

注册类型　　　　　　填发日期 20　年 6 月 8 日　　　　　征收机关：市地税

缴款单位	代码	024123456789012	预算科目	编号	101100100
	全称	丹阳市北国有限责任公司		名称	城市建设维护税
	开户银行	中国工商银行丹阳市沿海路分理处		级次	市级
	账号	211010300527168	收缴国库		农行丹阳支库
税款所属时期：20　年 5 月 1 日至 20　年 5 月 31 日			税款限缴日期：20　年 6 月 10 日		

品目名称	课税数量	计税金额或销售收入	税率或单位税额	已缴或扣除额	实缴金额
增值税额		153 000.00	7%		10 710.00
金额合计		（大写）壹万零柒佰壹拾元整			￥10 710.00

缴款单位（人）（盖章）经办人（章）	税务机关（盖章）填票人（章）	上列款项已收妥并划转收款单位账户　国库（银行）盖章 20　年 6 月 8 日	备注

第一联：（收据）国库收款盖章后退缴款单位

中华人民共和国
税收通用缴款书

地

隶属关系　　　　　　　　　　　　　　　　　　　　　　地缴字 00172233 号

注册类型　　　　　　填发日期　　年　月　日　　　　　征收机关：市地税

缴款单位	代码		预算科目	编号	
	全称			名称	
	开户银行			级次	
	账号		收缴国库		
税款所属时期：			税款限缴日期：		

品目名称	课税数量	计税金额或销售收入	税率或单位税额	已缴或扣除额	实缴金额
金额合计		（大写）			￥

缴款单位（人）（盖章）经办人（章）	税务机关（盖章）填票人（章）	上列款项已收妥并划转收款单位账户　国库（银行）盖章	备注

第一联：（收据）国库收款盖章后退缴款单位

注：税收通用缴款书是税务部门根据企业填制的纳税申报表，通过计算机打印出来，转到企业开户行，银行见票无条件付款。此凭证一式五联。

(1)第一联：完税凭证退缴单位；

(2)第二联：缴款单位的支付凭证，开户行作借方传票；

(3)第三联：(收款凭证)收款国库作贷方传票；

(4)第四联：(回执)国库收款盖章后退税务机关作税收会计凭证；

(5)第五联：(报查)退基层税务部门。

(12)11日，销售给丹阳市龙海有限责任公司(纳税人识别码 22102419976669，地址：解放路98号，电话24682255，开户行：建行解放路支行 22101020069311)B产品400台，每台售价2 000元，收到银行转来的电子转账通知，龙海公司用网银支付货款。请填制接收龙海有限责任公司签发的电子转账凭证(凭证编号 22100125566)。

辽宁省增值税专用发票

2100103620 辽 宁 **№02425013**

此联不作报销、扣税凭证使用

开票日期：20 年 6 月 11 日

购货单位	名 称：丹阳市龙海有限责任公司 纳税人识别号：22102419976669 地 址 电 话：解放路98号 24682255 开户行及账号：工行解放路支行 22101020069311				密码区	略	
货物或应税劳务名称	规格型号	单位	数量	单价	金额	税率	税额
B产品		台	400	2 000	800 000.00	17%	136 000.00
合 计					800 000.00		136 000.000
价税合计(大写)	⊗玖拾叁万陆仟元整				(小写)936 000.00		
销货单位	名 称：丹阳市北国有限责任公司 纳税人识别号：210245657580068 地 址 、电 话：沿海路58号 86523768 开户行及账号：工行丹阳市沿海路分理处 211010300527168				备注		

收款人： 复核： 开票人：文波 销货单位(章)

第三联 记账联 销货方记账凭证

中国建设银行

电子转账凭证

年 月 日 凭证编号

汇款人	全 称		收款人	全 称										
	账 号			账 号										
	汇出地点	省 市/县		汇入地点	省 市/县									
汇出行名称			汇入行名称											
人民币(大写)					千	百	十	万	千	百	十	元	角	分
			支付密码											
附加信息及用途：														

第四联 收款人回单

注:电子银行是一种新型的银行服务方式或渠道,单位和个人利用商业银行等银行金融机构提供的电子银行平台,可以通过电子终端(计算机、电话、手机、ATM、POS等)发出支付指令,实现货币支付和资金转移。本业务中,龙海有限责任公司通过电子银行系统向北国有限责任公司支付款项,北国有限责任公司开户行收到付款人开户行的电子支付指令后,编制"电子银行转账凭证"。

(13)12 日,偿还上月欠沈阳中华有限责任公司(开户行:工行沈阳市大南分理处,地址:滨河路 28 号,账号:2210102024225218,电话:24685688)的货款 83 000 元,采用信汇结算方式。

ICBC 中国工商银行**信汇凭证**(回单) 1

委托日期　　年　　月　　日　　　　　　　　第　　号

汇款人	全　称		收款人	全　称	
	账　号			账　号	
	汇出地点	省　　市/县		汇入地点	省　　市/县
汇出行名称			汇入行名称		
金额	人民币(大写)			百 十 万 千 百 十 元 角 分	
	汇出行签章			附加信息及用途: 复核　　记账	

此联汇出行给汇款人回单

注:汇兑是汇款人委托银行将其款项支付给收款人的结算方式。按支付款项的方式不同:分信汇和电汇,一般一式三联。

①第一联回单联,由汇出行受理汇兑业务后退给付款人作入账依据;

②第二联汇出行作借方凭证;

③第三联汇出行凭以汇出款项。

(14)13 日,支付辽宁省电视台企业制作广告费 280 000 元,用银行电汇方式支付。请填写银行电汇凭证。

ICBC 中国工商银行**电汇凭证**(回单) 1

□普通　　□加急　　　　委托日期　　年　　月　　日　　　　流水号 01011

汇款人	全　称		收款人	全　称	
	账　号			账　号	
	汇出地点	省　　市/县		汇入地点	省　　市/县
汇出行名称			汇入行名称		
金额	人民币:(大写)			千 百 十 万 千 百 十 元 角 分	
	汇出行签章			支付密码 附加信息及用途: 复核　　记账	

此联汇出行给汇款人回单

辽宁省广告业专用发票　　　　　　　　发票代码:2212211001

发 票 联　　　　　　　　　　　　　　发票号码:02554852

客户名称:丹阳市北国有限责任公司　　　　　　　　　　　　支票号码:

项 目	单位	数量	单价	金 额								备 注
				十	万	千	百	十	元	角	分	
产品广告费				2	8	0	0	0	0	0	0	
												转账付讫
合 计				2	8	0	0	0	0	0	0	
合计(大写)贰拾捌万元整												(小写)280 000.00

第二联 报销凭证

收款单位(盖章有效)辽宁省电视台　　　　开票人 高欢　　　　20 年 6 月 13 日

(15)15 日,将上月销售取得的零星现金收入 2 000 元存入银行,其中壹佰元卷 10 张,伍拾元卷 10 张,拾元卷 50 张。要求填写现金交款单。

ICBC 中国工商银行现金交款单(回单)

年 月 日　　　　　　　　NO.435011

存款人	全 称			
	账 号		款项来源	
	开户行		交款人	

人民币(大写):	十	万	千	百	十	元	角	分

种类	张数	种类	张数	种类	张数	种类	张数	(银行盖章)
壹佰元		伍元		伍角		伍分		
伍拾元		贰元		贰角		贰分		收款
拾元		壹元		壹角		壹分		复核

五、实验思考

(1)什么是原始凭证?在填制原始凭证时需注意哪些要求?

(2)按取得的来源划分,原始凭证分几类?

(3)各类原始凭证在填制过程中有何共同之处?

(4)填制支票时有哪些注意事项?

(5)原始凭证的签章有哪些特点?

(6)什么是原始凭证的及时性?

(7)原始凭证的每个项目都必须填列吗?

(8)增值税专用发票和普通发票有何不同?

(9)外来原始凭证与自制原始凭证有何区别?

实验三　原始凭证的审核

一、实验目的

会计工作过程中能否正确判断经济业务事项，能否正确识别原始凭证真伪，能否规范地填制原始凭证，直接关系到是否产生假账的问题，因此原始凭证的审核尤显重要。审核原始凭证可以实现以下目的：

(1)掌握对各种原始凭证进行审核的内容，能正确、规范地对原始凭证进行审核。

(2)熟练掌握各类原始凭证的错误更正方法，能正确规范地对原始凭证的错误进行更正。

(3)了解各种原始凭证的联数设计及传递、保管，能正确、规范地保管原始凭证。

二、实验要求

在原始凭证填制完毕之后，为了确保会计资料真实、正确、合法，必须按规定程序及时送交会计部门，由会计人员对原始凭证进行严格认真的审核。这是保证会计记录真实和正确、充分发挥会计监督作用的重要环节。所以，原始凭证的审核是一项严肃、细致的工作，必须认真执行。审核内容如下：

(1)审核原始凭证所反映的经济业务是否合理、合法。审核时应以国家颁布的有关财经法规、本单位制定的财会制度，以及本单位确定的规划、计划指标为依据，审查有无违法乱纪、违反财经纪律、不符合制度，以及影响完成规划、计划指标的行为。

(2)审核原始凭证内容和填制手续是否齐备合格。核实原始凭证记录的经济内容是否与实际情况相符，应填写的项目是否填写齐全，文字和数字是否填写正确、清楚，有关经办人员是否签字盖章，是否经过主管人员审批同意等。

(3)全面审核原始凭证。

①审核原始凭证的真实性。

②审核原始凭证的合法性。

③审核原始凭证的合理性。

三、实验步骤

1. 审核原始凭证的真实性

审核原始凭证的内容是否符合经济业务的实际情况，有无弄虚作假、营私舞弊、伪造涂改等行为。

2. 审核原始凭证的完整性

审核原始凭证的内容是否完备，应填写的项目是否填写齐全，有关经办人员是否都已签署审批意见等。

3. 审核原始凭证的正确性

审核原始凭证的摘要和数字是否填写清楚、正确，数量、单位、金额、合计数等有无差错，大写与小写金额是否相符、正确等。

4. 审核原始凭证的合理合法性

审核原始凭证中反映的经济业务内容，是否符合国家有关方针、政策、法令、制度及计划与合同的规定，是否符合审批权限和审批手续，有无滥用职权、违法乱纪、不遵守制度、不执行计划、违反经济合同及贪污浪费等情况。

原始凭证的审核，对符合要求的、应及时办理会计手续，然后据以编制记账凭证和登记账户；对记载不正确、不完整、不符合规定的，应退还有关部门或人员，进行补充或更正；对伪造、涂改或经济业务不合法的凭证，会计人员应拒绝受理，并及时上报领导处理。

四、实验资料

丹阳市北国有限责任公司5月份经济业务涉及以下原始凭证，通过对原始凭证的审核，指出存在的问题。

(1)供应科王亮5月7日要到北京参加展销会，5月3日填写借款单一张，预借差旅费8 600元。

借　款　单(记账)

20　年5月3日　　　　第20号

借款部门	供应科	姓名	王亮	事由	购买原材料
借款金额(大写)	八千元整				￥8 600.0
部门负责人签署	李固	借款人签章	王	注意事项	一、凡借用公款必须使用本单 二、第三联为正式借据由借款人和单位负债人签章 三、出差返回后三日内结算
单位领导批示		审核意见			

第三联　报销后返回原借款人

(2)5月21日，经理苏红报销餐费600元，出纳员开出现金支票一张。

中国工商银行
现金支票存根
10241622
00516259
附加信息
出票日期20　年5月1日

收款人：苏红
金　额：600.00
用　途：提备用金

单位主管　　会计

本支票支付期限十天

中国工商银行　现金支票　　10241622 00516259

出票日期(大写)贰零　年零伍月零壹日　付款行名称：工行沿海路分理处
收款人：苏红　　出票人账号：

人民币(大写)	陆百元整	万	千	百	十	万	千	百	十	元	角	分
							￥	6	0	0	0	0

用途餐饮费　　密码：
上列款项请从
我账户支付
出票人签章　　复核　　记账

辽宁省 丹阳市	饮食娱乐业定额发票 发票联 代码 22130305618	第二联 报销凭证
客户名称：	№243186242	
人民币 伍佰元整	￥500.00	
收款人：		
年 月 日		
收款单位(盖章有效)		

辽宁省 丹阳市	饮食娱乐业定额发票 发票联 代码 200876551278	第二联 报销凭证
客户名称：	№24506789	
人民币 壹佰元整	￥100.00	
收款人：		
年 月 日		
收款单位(盖章有效)		

(3)5 月 22 职工叶文交回前欠款 1 200(壹佰元 8 张,伍拾元 4 张,拾元 15 张,伍元 8 张,壹元 10 张)元,存入银行。

收 据

20 年 5 月 22 日 第 002 号

交款单位或姓名	叶文	
款项内容	欠款	
金额	人民币(大写)一千二百元整	￥1 200.00

收款单位公章 收款:闻健 交款:叶文

ICBC 中国工商银行现金交款单(回单)

年 月 日　　　　NO. 435006

存款人	全 称	北国有限责任公司		
	账 号	211010300527168	款项来源	欠款
	开户行	工行丹沿海路分理处	交款人	闻健

人民币(大写): 壹仟二百元整	十	万	千	百	十	元	角	分
		¥	1	0	0	0	0	0

种类	张数	种类	张数	种类	张数	种类	张数	(银行盖章)
壹佰元	8	伍元	6	伍角		伍分		
伍拾元	4	贰元		贰角		贰分		收款
拾元	5	壹元	10	壹角		壹分		复核

(4)5 月 23 日,供应科王波出差到辽阳,报销差路费,用现金支付。

辽宁省丹阳市道路汽车客票

发 票 联

中国道路

经纬快客

丹阳 票价　　　　代码:2210111226677

至　　　　[redacted]

辽阳 ¥22.00<全>　　　　09870776 *

燃油附加

乘车日程	开车时间	车次	顺序号	检票口	服务费
20 -05-22	6 时-19 时	128	0	1	

辽宁省辽阳市道路汽车客票

发 票 联

中国道路

经纬快客

辽阳 票价　　　　代码:2210111221611

至

丹阳 ¥20.00<全>　　　　07870788 *

[redacted]

燃油附加

乘车日程	开车时间	车次	顺序号	检票口	服务费
20 -05-23	6 时-19 时	101	1	12	

辽阳市服务业、娱乐业定额专用发票

发　票　联　　　　20（2）地

付款单位（个人）丹阳市北国有限责任公司　　发票代码 2450502200021

经营项目　　　　　　　　发票号码 00071256

密码号[redacted]

壹　佰　元

收款单位（盖章有效）　开票日期 20　年 5 月 22 日

差　旅　费　报　销　单

单位：北国有限责任公司　　　　　　　　20　年　月　日填

月	日	时	出发地	月	日	时	到达地	车船费客票	伙食补助			市内交通费	住宿费	其他	合计
									人数	天数	金额				
5	22		丹阳	22	22		辽阳	42	1	1	80				42
													100		100
合　计															222

出差事由	出差开会	报销金额（大写）	⊗万⊗仟贰佰二拾十元零角零分		预借金额	222
		单位领导	单位主管	报销人	报销金额	222
					结余或超支	

会计主管　张萍　　　　记账　　　　审核　章清　　　　附单据　叁张

(5)28日，厂部高扬凭收据报销大海复印社复印费320元。

丹阳市行政事业往来结算票据

20　年 5 月 28 日　　　　№0056789

付款单位（人）：北国有限责任公司		支付方式	现金						
人民币（大写）叁佰贰拾元整			万	千	百	十	元	角	分
				¥	3	2	0	0	0
收款事由：印刷费	行政领导	会计主管	收款人：李丽 交款人：高扬			收款单位（章）			

此联给交款单位

五、实验思考

(1)如何审核原始凭证的合理性和合法性?

(2)从外单位取得的原始凭证,审核时需注意哪些方面?

(3)在审核原始凭证时需注意哪些要求?

(4)如何审核原始凭证的完整性?

(5)审核原始凭证有哪些注意事项?

(6)如何审核原始凭证的签名盖章?

(7)收据作为原始凭证,哪些情况可以入账?

(8)如何审核原始凭证的真实性?

实验四　记账凭证的填制

一、实验目的

记账凭证的填制是会计核算的基础，作为会计人员，最重要的是掌握记账凭证的填制方法，因为记账凭证是账务处理、登记账簿、编制报表的基础。会计人员通过对原始凭证的审核，可以确认原始凭证上的哪些数据可以输入会计信息系统，并采取复式记账原理处理其中的会计信息，即编制会计分录。在会计实际工作中，会计分录首先是填写在记账凭证上，通过填制记账凭证可以实现以下目的：

(1)掌握会计要素的确认、计量方法，确认经济业务事项应登记的账户。

(2)掌握会计科目、会计账户的内容，分析会计要素的增减变化，确认记账方向。

(3)掌握记账凭证的种类、格式、内容、作用、范围，确认登记金额，完成记账凭证(专用记账凭证或通用记账凭证)的填制。

二、实验要求

记账凭证是会计人员根据审核无误的原始凭证或汇总原始凭证，按照经济业务的内容加以归类，并据以确定会计分录而填制的，作为登记账簿依据的凭证。填制和汇总记账凭证是会计核算的基本方法之一，也是会计实务的重要内容。记账凭证填制的实验内容主要是：让学生对提供的原始凭证所反映的经济业务类型进行准确判断，确定所登记的账户名称、记账方向和金额，正确填制相应的记账凭证。

(1)记账凭证必须具备的内容：填制凭证日期；凭证编号；经济业务内容摘要；记账符号；会计科目；金额；所附原始凭证张数；填制凭证人员、稽核人员、记账人员、会计主管人员签名或盖章。收付款的记账凭证还应由出纳人员签名或盖章。

(2)记账凭证可以根据每一张原始凭证填制，或者根据若干张同类原始凭证汇总填制，也可以根据原始凭证汇总表填制。

(3)记账凭证必须附有原始凭证。如果一张原始凭证涉及几张记账凭证，可把原始凭证附在一张主要的记账凭证后面，在其他几张凭证上注明附有原始凭证的记账凭证编号。如果一张原始凭证所列支出需要几个单位共同负担的，应将其他单位负担的部分，开给对方原始凭证分割单，进行结算。结账和更正错误的记账凭证，可以不附原始凭证。

(4)记账凭证的“摘要栏”是对经济业务的简要说明，又是登记账簿的重要依据，必须针对不同性质的经济业务的特点，考虑到登记账簿的需要，正确的填写，不可漏填或错填。

(5)必须按照会计准则统一规定的会计科目，根据经济业务的性质，编制会计分录，填入“借方科目”和“贷方科目”栏，“二级或明细科目”是指一级科目所属的二级或明细科目，不需要进行明细核算的一级科目，也可以不填“二级或明细科目”栏。

(6)“金额”栏登记的金额应和“借方科目”或“贷方科目”相对应或与“一级科目”“二级或明细科目”分别对应。

(7)“记账符号”栏，是在根据该记账凭证登记有关账簿后，在该栏注明所记账簿的页数或划“√”，表示已经登记入账，避免重记、漏记，在没有登记账之前，该栏没有记录。

(8)“凭证编号”栏，记账凭证在一个月内应当连续编号，以便查核。收款、付款和转账凭证分别编号，对于收、付款凭证还要根据收付的是现金或银行存款分别编号，如“收第×号”“付第×号”“转第×号”。一笔经济业务，需要编制多张记账凭证时，可采用“分数编号法”，例如，一笔经济业务需要编制两张转账凭证，凭证的顺序号为16时，可编转第$16\frac{1}{2}$号，转第$16\frac{2}{2}$号。前面的整数表示业务顺序，分子表示两张中的第一张或第二张，分母表示编制的张数。

(9)记账凭证的日期。收付款凭证应按货币资金收付的日期填写；转账凭证原则上应按收到原始凭证的日期填写，也可按填制转账凭证的日期填写。

(10)记账凭证右(或左下)边“附件×张”，是指该记账凭证所付的原始凭证的张数，在凭证上必须注明，以便查核。如果根据同一原始凭证填制数张记账凭证时，则应在未附原始凭证的记账凭证上注明“附件××张，或见第××号记账凭证”。如果原始凭证需要另行保管时，则应在附件栏目内加以注明。

(11)对于收款凭证或付款凭证右上方的“借方科目”或“贷方科目”，必须是“库存现金”或“银行存款”，不能是其他会计科目。凭证里面的“贷方科目”或“借方科目”是与“库存现金”“银行存款”分别对应的科目。

(12)记账凭证填写完毕，应进行复核与检查，并按所使用的记账方法进行试算平衡。有关人员均要签名盖章，出纳人员根据收款凭证收款，或根据付款凭证付款时，要在凭证上加盖“收讫”或“付讫”的戳记，以免重收重付，防止差错。

三、实验步骤

1. 审核原始凭证

在编制记账凭证之前对外来的和自制的原始凭证认真地进行审核，无误后才能编制记账凭证。

2. 编制记账凭证

对发生的每项经济业务，根据审核无误的原始凭证编制记账凭证，注意实验要求及会计科目的正确使用。

(1)编制收款记账凭证。对发生的库存现金或银行存款增加的业务，编制收款记账凭证。

(2)编制付款记账凭证。对发生的库存现金或银行存款减少的业务，编制付款记账凭证。

(3)编制转账记账凭证。对不涉及库存现金或银行存款增减的业务，编制转账记账凭证。

(4)发生库存现金与银行存款之间相互转化的收付款业务时，一律编制付款凭证，不编制收款凭证。

收款记账凭证、付款记账凭证、转账记账凭证。(如下表样)

凭证编号______ 出纳编号______

收款记账凭证

年 月 日

借方科目

摘要	结算方式	票号	贷方科目		金额											记账符号
			总账科目	明细科目	亿	千	百	十	万	千	百	十	元	角	分	
附单据 张			合计													

会计主管 记账 稽核 制单 出纳 交款人

凭证编号______ 出纳编号______

付款记账凭证

年 月 日

贷方科目

摘要	结算方式	票号	借方科目		金额											记账符号
			总账科目	明细科目	亿	千	百	十	万	千	百	十	元	角	分	
附单据 张			合计													

会计主管 记账 稽核 制单 出纳 领款人

转账记账凭证

年 月 日

凭证编号______

摘要	总账科目	明细科目	借方金额										贷方金额										记账符号
			千	百	十	万	千	百	十	元	角	分	千	百	十	万	千	百	十	元	角	分	
附单据 张																							

会计主管 记账 稽核 制单

3. 会计凭证的归类整理

会计部门在记账后，应定期(一般为每月)将会计凭证加以归类整理，即把记账凭证及其所附的原始凭证，按记账凭证的编号顺序进行整理，在确保记账凭证及其所附的原始凭证完整无缺后，将其折叠整齐，加上封面、封底、装订成册，并在装订线上加贴封签，以防散失和任意拆装。在封面上要注明单位名称、凭证种类、所属年月、起讫日期、起讫号码、凭证张数等。会计主管或指定装订人员要在装订线封签处签名或盖章，然后入档保管，会计凭证的表样如下。

记 账 凭 证 封 面

年 月 日至 年 月 日 编号

共 册 第 册

凭证种类	凭证起讫号码		凭证张数	备注
	自	至		

会计主管： 复核： 装订：

四、实验资料

20××年6月1日至6月15日(上半月)实验二中填制的原始凭证及外来凭证(见实验二)。

20××年6月16日至6月30日(下半月)业务。

(16)18日向中国工商银行申请取得半年期生产周转借款100 000元。

ICBC 中国工商银行借款凭证(回单) 4

20 年6月18日 第 号

<table>
<tr><td>贷款单位</td><td colspan="2">丹阳市北国有限责任公司</td><td>放款账号</td><td colspan="4">221100026984561</td><td>往来账号</td><td colspan="6">211010300527168</td></tr>
<tr><td rowspan="2">贷款金额</td><td rowspan="2" colspan="3">人民币(大写) 壹拾万元整</td><td>千</td><td>百</td><td>十</td><td>万</td><td>千</td><td>百</td><td>十</td><td>元</td><td>角</td><td>分</td><td></td></tr>
<tr><td></td><td>¥</td><td>1</td><td>0</td><td>0</td><td>0</td><td>0</td><td>0</td><td>0</td><td>0</td><td></td></tr>
<tr><td>用途</td><td colspan="2">生产周转</td><td>单位提出期限</td><td colspan="11">20 年6月18日起至20 年12月18日止</td></tr>
<tr><td>利率</td><td colspan="2">5.85%</td><td>银行和定期限</td><td colspan="11">20 年6月18日起至20 年12月18日止</td></tr>
<tr><td colspan="4">兹向你行贷到上诉款项，到期时请凭此单据从本单位存款账户内收回。
丹阳市北国有限责任公司
贷款单位(章)(盖预留印鉴) 负责人(章)</td><td colspan="11">上列款项已按银行核定金额发放，并收入你单位银行存款账户。
中国工商丹阳市支行
银行签章 20 年6月18日</td></tr>
<tr><td rowspan="3">还款记录</td><td>日期</td><td>还款金额</td><td>未还金额</td><td colspan="5">记账员</td><td colspan="6">复核员</td></tr>
<tr><td></td><td></td><td></td><td colspan="5"></td><td colspan="6"></td></tr>
<tr><td></td><td></td><td></td><td colspan="5"></td><td colspan="6"></td></tr>
</table>

经银行签章后代收账通知

(17)19日，收到捐赠设备一台，按市场价58 000元入账，该设备为新设备，不需要安装，直接交付生产车间使用。

固定资产交接验收单

20　年 6 月 19 日

资产编号	资产名称	规格型号	计量单位	数量	原始价值	安装费	运杂费	附加费	合计
G212	H 型设备	HK	台	1	58 000				58 000
设备来源		捐赠	耐用年限		10 年	预计净残值率		4%	
制造商						基本折旧率		10%	
交付使用期：20　年 6 月 19 日									
验收人：秦健　接受人：田野　设备主管：李林峰　会计主管：张萍									

(18)20 日，用现金支付销售部门业务招待费 500 元。

辽宁省　**饮食娱乐业定额发票**

丹阳市　**发　票　联**

代码 221010662156

客户名称：丹阳市北国有限责任公司№43178458

人民币　伍佰元整　￥500.00

收款人：韩都烧烤　　20　年 6 月 19 日

收款单位（盖章有效）

第二联　报销凭证

(19)20 日，一车间为生产 B 产品需用乙材料 4 000 千克，车间一般消耗领用乙材料 260 千克，经车间主任李林峰批准，领料员江翠从二号仓库汇总领出乙材料 4 260 千克，单价 150 元。要求填写领料单。

领　　料　　单（记账联）

发料仓库：______　　年　　月　　日　　第 8032 号

领料部门	车间		用途	产品名称和编号		费用项目		其　他	
	班（组）								
类别：			单位	数　量		实际成本			
编号	名称	规格		请领	实发	单价	金额		

第三联　财会部门

会计主管　　记账　　仓库　　负责　　领料　　填制

领　料　单（记账联）

发料仓库：______　　　　年　月　日　　　　第 8032 号

领料部门	车间	用途	产品名称和编号	费用项目	其他
	班（组）				

类别：			单位	数量		实际成本	
编号	名称	规格		请领	实发	单价	金额

第三联 财会部门

会计主管　　记账　　仓库　　负责　　领料　　填制

(20)23 日，采购员江丽从沈阳东风有限责任公司购进甲材料 5 000 千克，每千克 120 元，外地运杂费 1 500 元。货款税款及运费暂欠，材料验收入库（一号仓库）。

辽宁省增值税专用发票

2100103620　　　　辽　宁　　　　№ 00253847

抵　扣　联

开票日期：20　年 6 月 23 日

购货单位	名称：丹阳市北国有限责任公司 纳税人识别号：210245657580068 地址电话：沿海路 58 号 86523768 开户行及账号：工行丹阳市沿海路分理处 211010300527168	密码区	略

货物或应税劳务名称	规格型号	单位	数量	单价	金额	税率	税额
甲材料		千克	5 000	120.00	600 000.00	17%	102 000.00
合　计					￥600 000.00		￥102 000.00
价税合计（大写）	⊗柒拾万零贰仟元整				（小写）￥702 000.00		

销货单位	名称：沈阳东风有限责任公司 纳税人识别号：2211050078567866 地址电话：沈阳市文化路 216 号 24310089 开户行及账号：建行沈河支行文化路分理处 210022102285311	备注	

第一联 抵扣联 购货方扣税凭证

收款人：高菲　　复核：张铭　　开票人：李丰　　销货单位（章）

辽宁省增值税专用发票

2100103620　　　　辽　宁　　　　№ 00253847

发　票　联

开票日期:2015 年 6 月 23 日

购货单位	名　称:丹阳市北国有限责任公司 纳税人识别号:210245657580068 地 址 电 话:沿海路 58 号 86523768 开户行及账号:工行丹阳市沿海路分理处 211010300527168				密码区	略	
货物或应税劳务名称	规格型号	单位	数量	单价	金额	税率	税额
甲材料		千克	5 000	120.00	600 000.00	17%	102 000.00
合　计					￥600 000.00		￥102 000.00
价税合计(大写)	⊗柒拾万零贰仟元整				(小写)￥702 000.00		
销货单位	名　称:沈阳东风有限责任公司 纳税人识别号:2211050078567866 地 址 电 话:沈阳市文化路 216 号 24310089 开户行及账号:建行沈河支行文化路分理处 210022102285311				备注		

收款人:高菲　　复核:张铭　　开票人:李丰　　销货单位(章)

第二联　发票联　购货方记账凭证

铁路局货票

付款单位:沈阳市东风有限责任公司　　发运日期:20　　年 6 月 23 日

车　型		运价里程			现　付	
发　站	沈阳	到　站		丹阳	运杂费	1 500
发货人	沈阳市东风有限责任公司	收货人	丹阳市北国有限责任公司		保管费	
					装运费	
货　物　名　称	件数		重　量(千克)	费　率	保险费	
甲材料			5 000	0.3		
					合　计	1 500

收　料　单

供货单位:沈阳市东风有限责任公司　　20　年 6 月 23 日　　第 1 号

材料类别:原材料及主要材料　　收料仓库

材料编号	材料名称		规格	单位	数　量		实际成本			
	发票编号	入账名称			应收	实收	原价		运杂费	合计
							单价	金额		
801	3 847	甲材料		千克	5 000	5 000	120	600 000	1 500	601 500

第二联　财会记账

(21)24日,通过丹阳市慈善机构向希望工程捐款50 000元整,用转账支票支付。

中国工商银行
转账支票存根
21036737
00516259

附加信息

出票日期:20　年6月24日

收款人:	丹阳市慈善总会
金　额:	￥50 000.00
用　途:	向希望工程捐款

单位主管　　　会计

辽宁省丹阳市统一收款收据(三联)

收 据 联

20　年6月24日　　　辽地税

交款单位:丹阳市北国有限责任公司　　　收款方式:转账支票
收款内容:向希望工程捐款
收款总额
人民币(大写)伍万元整　　　￥50 000.00
备注:

单位(章)　　　复核　李叶　　　收款人　何萍

第二联　捐款人收执

(22)25日收到银行付款通知,支付丹阳市电信总公司电话费1 200元。

同城委托收款凭证(付款通知)　4　　　委托号码:00231

委托日期 20　年 6 月 25 日　　　付款期限 20　年 6 月 25 日

付款人	全称	丹阳市北国有限责任公司	收款人	全称	丹阳市电信总公司									
	账号	211010300527168		账号	221687298176579 5									
	开户银行	工商行丹阳市沿海路分理处		开户银行	工商银行丹阳市支行									
金额	人民币(大写)	壹仟贰佰元整		千	百	十	万	千	百	十	元	角	分	
							￥	1	2	0	0	0	0	
款项	电话费	委托收款凭据名称	发票	附单据张数	壹									
备注:				付款单位注意: 1. 劳务供应双方签订协议后方能办理。 2. 如无协议,可备函说明,办理委托。										

单位主管:姚丽　　　会计:林清　　　复核:吴奇　　　付款人开户行签章

此联付款人开户行给汇款人付款通知

丹阳市通讯专用发票

发 票 联

发票代码:2102156822123
NO. 00022313521

日期:20　年 6 月 25 日　　话费周期:20　年 5 月 1 日至 20　5 月 31 日

客户名称	丹阳市北国有限责任公司		
电话号码	86523768	业务类型	国内市话、传真、语音信箱
项　目	金　额	项　目	金　额
市话	800.00	语音信箱	
国内长途	300.00		
传真	100.00		
梦网信息			
金额合计(大写)	壹仟贰佰元整		￥1 200.00

发票联

收款单位(盖章)　受理编号:21　0431221　收款人:谢聪

(23)25 日,用银行存款支付本月电费并分配电费。

辽宁省增值税专用发票

2100103620　　辽　宁　　№ 00243823

抵 扣 联

开票日期:20　年 6 月 25 日

购货单位	名　　称:丹阳市北国有限责任公司 纳税人识别号:210245657580068 地 址 电 话:沿海路 58 号 86523768 开户行及账号:工行丹阳市沿海路分理处 211010300527168				密码区	略	
货物或应税劳务名称	规格型号	单位	数量	单价	金额	税率	税额
电		度	50 000	0.80	40 000.00	17%	6 800.00
合　计					￥40 000.00		￥6 800.00
价税合计(大写)	⊗肆万陆仟捌佰元整				(小写)￥46 800.00		
销货单位	名　　称:丹阳市供电局 纳税人识别号:210332156787788 地 址 、电 话:丹阳市宏伟路 28 号 85157468 开户行及账号:工行丹阳市支行 2211000223567890				备注		

第一联　抵扣联　购货方扣税凭证

收款人:　复核:　开票人:洪阳　销货单位(章)

辽宁省增值税专用发票

2100103620　　辽宁　　№ 00243823

发 票 联

开票日期:20　年 6 月 25 日

购货单位	名　　称:丹阳市北国有限责任公司 纳税人识别号:210245657580068 地 址 电 话:沿海路 58 号 86523768 开户行及账号:工行丹阳市沿海路分理处 21101030052716 8				密码区	略	
货物或应税劳务名称	规格型号	单位	数量	单价	金额	税率	税额
电		度	50 000	0.80	40 000.00	17%	6 800.00
合　计					￥40 000.00		￥6 800.00
价税合计(大写)	⊗肆万陆仟捌佰元整			(小写)￥46 800.00			
销货单位	名　　称:丹阳市供电局 纳税人识别号:210332156787788 地 址 、电 话:丹阳市宏伟路 28 号 85157468 开户行及账号:工行丹阳市支行 2211000223567890				备注		

收款人:　　　复核:　　　开票人:洪阳　　　销货单位(章)

第二联 发票联 购货方记账凭证

中国工商银行

转账支票存根

21036738

00516259

附加信息

出票日期:20　年 6 月 25 日

收款人:	丹阳市供电局
金　额:	￥46 800.00
用　途:	支付电费

单位主管　　会计

电费分配表

20　年 6 月 25 日

项目部门	耗电量(度)	分配率	分配金额(元)
生产车间	46 000	0.92	36 800
管理部门	4 000	0.08	3 200
合计	50 000		40 000

(24)25 日,计提本月固定资产折旧。本月固定资产原值 2 150 000 元,生产部门 2 000 000 元,管理部门 150 000 元,资产预计净残值率 4%,使用期 10 年。

固定资产折旧计算表

20 年 6 月 25 日

固定资产名称	类别	使用年限(年)	固定资产原值(元)	预计残值率	月折旧率	月折旧额(元)
生产设备	设备	10	2 000 000	4%	8‰	16 000
管理设备	设备	10	150 000	4%	8‰	1 200
合 计						17 200

(25)26 日，上一年 6 月 25 日流动资金借款到期，其中本金 200 000 万元，贷款年利率 6%，贷款期限 1 年，已提利息 10 000 元。归还短期借款本金及利息。

ICBC 中国工商银行特种转账借方传票(第一联)

20 年 6 月 26 日　　字第 8 号

借款单位名称	北国有限责任公司	贷款账号	221100026984561	结算账号	221010300527168
还款金额(大写)	贰拾万元整	千 百 十 万 千 百 十 元 角 分	¥ 2 0 0 0 0 0 0 0		
贷款种类	流动资金借款	借款日期 20 年 6 月 25 日		还款日期 20 年 6 月 26 日	
上列款项请由本单位 221010300527168 账号偿还到期贷款 此致 借款单位盖章			科目(贷) 对方科目(借) 会计　复核　记账		

ICBC 中国工商银行存(贷)款利息回单

20 年 6 月 26 日　　字第 2 号

付款人	户 名	丹阳市北国有限责任公司	收款人	户 名	621001
	账 号	221010300527168		账 号	22110006984561
	收(付)金额	12 000.00		计息账号	221010300527168
备注	起息日期	止息日期	积数	利率	利息
	20 -06-25	20 -06-26	200 000	6%	12 000.00
	调整利息		冲正利息		
应(付)收利息合计：¥ 12 000.00					

(26)30 日，按本月工资汇总表，分配本月工资。

工 资 费 用 分 配 表

20 年 6 月 30 日

应借项目	应贷项目：应付职工薪酬			
	生产车间	销售部门	行政部门	合 计
生产成本—A				
生产成本—B				
制造费用				
销售费用				
管理费用				
合 计				

财务主管：　　审核：　　制单：

(27)30 日，按本月产品生产工人工资的比例分配本月制造费用。

制造费用分配表

20　年 6 月 30 日

产品名称	生产工人工资	分配率	分配额
A 产品			
B 产品			
合计			

财务主管：　　　　审核：　　　　制单：

(28)30 日，计算并结转完工产品成本。(提示：本月 A 产品期初库存 500 台，单价 1 070 元。本月投产 450 台，全部未完工；本月期初 B 产品库存 450 台，单价 942 元。本月投产 750 台，全部完工。)

产品生产成本计算单

20　年 6 月 30 日

产品名称		本月完工产量	
成本项目	总成本(元)	单位成本(小数点后保留两位)	
直接材料			
直接人工			
制造费用			
合计		(保留整数)	

财务主管：　　　　审核：　　　　制单：

(29)30 日，结转本月已销产品成本。由于 A 产品本月没有完工产品，销售成本按上月库存产品计价结成本，每台 1 070 元；B 产品按本月完工产品计结销售成本。

产品销售成本计算表

20　年 6 月 30 日　　　　单位：元

产品名称	销售数量	单位成本	总成本
A 产品			
合计			

财务主管：　　　　审核：　　　　制单：

产品销售成本计算表

20　年 6 月 30 日　　　　单位：元

产品名称	销售数量	单位成本	总成本
B 产品			
合计			

财务主管：　　　　审核：　　　　制单：

(30)30 日,计算本月应交增值税,结转本月应交未交的增值税;按本月应交增值税额的7%,计算本月应上缴城市建设维护税;按本月应上缴增值税额 3%,计算本月应交教育费附加。

城市建设维护税及教育费附加计算表

20　年 6 月 30 日　　　　单位:元

项　　目	计税金额	税　　率	税　　额
城市建设维护税			
教育费附加			
合计			

财务主管:　　　　审核:　　　　制单:

(31)计算并结转各损益类账户。

损益类账户发生额表

20　年 6 月 30 日　　　　单位:元

账户名称	借方发生额	贷方发生额

财务主管:　　　　审核:　　　　制单:

(32)计算并结转应交纳企业所得税。

所得税计算表

20　年 6 月 30 日　　　　单位:元

应纳税所得额	税　　率	税　　额

财务主管:　　　　审核:　　　　制单:

五、实验思考

(1)原始凭证和记账凭证的联系和区别?
(2)记账凭证如何分类?
(3)如何规范填制记账凭证?
(4)根据审核无误的原始凭证,如何选择使用哪种凭证?
(5)记账凭证摘要如何填制?
(6)记账凭证在填制中应注意的要点有哪些?
(7)记账凭证中总账科目与明细科目有什么关系?
(8)在填制记账凭证时应注意哪些要求?
(附凭证)

收款记账凭证

凭证编号______ 出纳编号______

年 月 日

借方科目	

摘要	结算方式	票号	贷方科目		金额											记账符号
			总账科目	明细科目	亿	千	百	十	万	千	百	十	元	角	分	
附单据	张		合计													

会计主管 记账 稽核 制单 出纳 交款人

收款记账凭证

凭证编号______ 出纳编号______

年 月 日

借方科目	

摘要	结算方式	票号	贷方科目		金额											记账符号
			总账科目	明细科目	亿	千	百	十	万	千	百	十	元	角	分	
附单据	张		合计													

会计主管 记账 稽核 制单 出纳 交款人

收款记账凭证

凭证编号________　出纳编号________

年　月　日

借方科目	

摘要	结算方式	票号	贷方科目		金额											记账符号
			总账科目	明细科目	亿	千	百	十	万	千	百	十	元	角	分	
附单据　张			合计													

会计主管　记账　稽核　制单　出纳　交款人

付款记账凭证

凭证编号________　出纳编号________

年　月　日

贷方科目	

摘要	结算方式	票号	借方科目		金额											记账符号
			总账科目	明细科目	亿	千	百	十	万	千	百	十	元	角	分	
附单据　张			合计													

会计主管　记账　稽核　制单　出纳　领款人

付款记账凭证

凭证编号________　出纳编号________

年　月　日

贷方科目	

摘要	结算方式	票号	借方科目		金额											记账符号
			总账科目	明细科目	亿	千	百	十	万	千	百	十	元	角	分	
附单据　张			合计													

会计主管　记账　稽核　制单　出纳　领款人

付款记账凭证

凭证编号________ 出纳编号________

年 月 日

贷方科目	

摘要	结算方式	票号	借方科目		金额											记账符号
			总账科目	明细科目	亿	千	百	十	万	千	百	十	元	角	分	
附单据	张		合计													

会计主管　　记账　　稽核　　制单　　出纳　　领款人

付款记账凭证

凭证编号________ 出纳编号________

年 月 日

贷方科目	

摘要	结算方式	票号	借方科目		金额											记账符号
			总账科目	明细科目	亿	千	百	十	万	千	百	十	元	角	分	
附单据	张		合计													

会计主管　　记账　　稽核　　制单　　出纳　　领款人

付款记账凭证

凭证编号________ 出纳编号________

年 月 日

贷方科目	

摘要	结算方式	票号	借方科目		金额											记账符号
			总账科目	明细科目	亿	千	百	十	万	千	百	十	元	角	分	
附单据	张		合计													

会计主管　　记账　　稽核　　制单　　出纳　　领款人

凭证编号________ 出纳编号________

付款记账凭证

年 月 日

贷方科目	

摘要	结算方式	票号	借方科目		金额											记账符号
			总账科目	明细科目	亿	千	百	十	万	千	百	十	元	角	分	
附单据	张		合计													

会计主管 记账 稽核 制单 出纳 领款人

凭证编号________ 出纳编号________

付款记账凭证

年 月 日

贷方科目	

摘要	结算方式	票号	借方科目		金额											记账符号
			总账科目	明细科目	亿	千	百	十	万	千	百	十	元	角	分	
附单据	张		合计													

会计主管 记账 稽核 制单 出纳 领款人

凭证编号________ 出纳编号________

付款记账凭证

年 月 日

贷方科目	

摘要	结算方式	票号	借方科目		金额											记账符号
			总账科目	明细科目	亿	千	百	十	万	千	百	十	元	角	分	
附单据	张		合计													

会计主管 记账 稽核 制单 出纳 领款人

付款记账凭证

凭证编号________ 出纳编号________

年 月 日

贷方科目	

摘要	结算方式	票号	借方科目		金额											记账符号
			总账科目	明细科目	亿	千	百	十	万	千	百	十	元	角	分	
附单据	张		合计													

会计主管 记账 稽核 制单 出纳 领款人

付款记账凭证

凭证编号________ 出纳编号________

年 月 日

贷方科目	

摘要	结算方式	票号	借方科目		金额											记账符号
			总账科目	明细科目	亿	千	百	十	万	千	百	十	元	角	分	
附单据	张		合计													

会计主管 记账 稽核 制单 出纳 领款人

付款记账凭证

凭证编号________ 出纳编号________

年 月 日

贷方科目	

摘要	结算方式	票号	借方科目		金额											记账符号
			总账科目	明细科目	亿	千	百	十	万	千	百	十	元	角	分	
附单据	张		合计													

会计主管 记账 稽核 制单 出纳 领款人

付款记账凭证

凭证编号________　出纳编号________

年　月　日

贷方科目	

摘要	结算方式	票号	借方科目		金额											记账符号
			总账科目	明细科目	亿	千	百	十	万	千	百	十	元	角	分	
附单据	张		合计													

会计主管　　记账　　稽核　　制单　　出纳　　领款人

付款记账凭证

凭证编号________　出纳编号________

年　月　日

贷方科目	

摘要	结算方式	票号	借方科目		金额											记账符号
			总账科目	明细科目	亿	千	百	十	万	千	百	十	元	角	分	
附单据	张		合计													

会计主管　　记账　　稽核　　制单　　出纳　　领款人

付款记账凭证

凭证编号________　出纳编号________

年　月　日

贷方科目	

摘要	结算方式	票号	借方科目		金额											记账符号
			总账科目	明细科目	亿	千	百	十	万	千	百	十	元	角	分	
附单据	张		合计													

会计主管　　记账　　稽核　　制单　　出纳　　领款人

凭证编号________ 出纳编号________

付款记账凭证

年 月 日

贷方科目	

摘要	结算方式	票号	借方科目		金额											记账符号
			总账科目	明细科目	亿	千	百	十	万	千	百	十	元	角	分	
附单据 张			合计													

会计主管 记账 稽核 制单 出纳 领款人

转账记账凭证

年 月 日 凭证编号________

摘要	总账科目	明细科目	借方金额										贷方金额										记账符号
			千	百	十	万	千	百	十	元	角	分	千	百	十	万	千	百	十	元	角	分	
附单据 张		合计																					

会计主管 记账 稽核 制单

转账记账凭证

年 月 日 凭证编号________

摘要	总账科目	明细科目	借方金额										贷方金额										记账符号
			千	百	十	万	千	百	十	元	角	分	千	百	十	万	千	百	十	元	角	分	
附单据 张		合计																					

会计主管 记账 稽核 制单

转账记账凭证

年　月　日　　　　凭证编号________

摘要	总账科目	明细科目	借方金额										贷方金额										记账符号
			千	百	十	万	千	百	十	元	角	分	千	百	十	万	千	百	十	元	角	分	
附单据	张	合计																					

会计主管　　记账　　稽核　　制单

转账记账凭证

年　月　日　　　　凭证编号________

摘要	总账科目	明细科目	借方金额										贷方金额										记账符号
			千	百	十	万	千	百	十	元	角	分	千	百	十	万	千	百	十	元	角	分	
附单据	张	合计																					

会计主管　　记账　　稽核　　制单

转账记账凭证

年　月　日　　　　凭证编号________

摘要	总账科目	明细科目	借方金额										贷方金额										记账符号
			千	百	十	万	千	百	十	元	角	分	千	百	十	万	千	百	十	元	角	分	
附单据	张	合计																					

会计主管　　记账　　稽核　　制单

转账记账凭证

年 月 日 凭证编号________

摘要	总账科目	明细科目	借方金额										贷方金额										记账符号
			千	百	十	万	千	百	十	元	角	分	千	百	十	万	千	百	十	元	角	分	
附单据	张	合计																					

会计主管 记账 稽核 制单

转账记账凭证

年 月 日 凭证编号________

摘要	总账科目	明细科目	借方金额										贷方金额										记账符号
			千	百	十	万	千	百	十	元	角	分	千	百	十	万	千	百	十	元	角	分	
附单据	张	合计																					

会计主管 记账 稽核 制单

转账记账凭证

年 月 日 凭证编号________

摘要	总账科目	明细科目	借方金额										贷方金额										记账符号
			千	百	十	万	千	百	十	元	角	分	千	百	十	万	千	百	十	元	角	分	
附单据	张	合计																					

会计主管 记账 稽核 制单

转账记账凭证

年　　月　　日　　　　　　　　凭证编号________

摘要	总账科目	明细科目	借方金额										贷方金额										记账符号
			千	百	十	万	千	百	十	元	角	分	千	百	十	万	千	百	十	元	角	分	
附单据	张	合计																					

会计主管　　　　记账　　　　稽核　　　　制单

转账记账凭证

年　　月　　日　　　　　　　　凭证编号________

摘要	总账科目	明细科目	借方金额										贷方金额										记账符号
			千	百	十	万	千	百	十	元	角	分	千	百	十	万	千	百	十	元	角	分	
附单据	张	合计																					

会计主管　　　　记账　　　　稽核　　　　制单

转账记账凭证

年　　月　　日　　　　　　　　凭证编号________

摘要	总账科目	明细科目	借方金额										贷方金额										记账符号
			千	百	十	万	千	百	十	元	角	分	千	百	十	万	千	百	十	元	角	分	
附单据	张	合计																					

会计主管　　　　记账　　　　稽核　　　　制单

转账记账凭证

年　　月　　日　　　　　　　　凭证编号________

摘要	总账科目	明细科目	借方金额										贷方金额										记账符号
			千	百	十	万	千	百	十	元	角	分	千	百	十	万	千	百	十	元	角	分	
附单据	张	合计																					

会计主管　　　　记账　　　　稽核　　　　制单

转账记账凭证

年 月 日 凭证编号________

摘要	总账科目	明细科目	借方金额										贷方金额										记账符号
			千	百	十	万	千	百	十	元	角	分	千	百	十	万	千	百	十	元	角	分	
附单据	张	合计																					

会计主管 记账 稽核 制单

转账记账凭证

年 月 日 凭证编号________

摘要	总账科目	明细科目	借方金额										贷方金额										记账符号
			千	百	十	万	千	百	十	元	角	分	千	百	十	万	千	百	十	元	角	分	
附单据	张	合计																					

会计主管 记账 稽核 制单

转账记账凭证

年 月 日 凭证编号________

摘要	总账科目	明细科目	借方金额										贷方金额										记账符号
			千	百	十	万	千	百	十	元	角	分	千	百	十	万	千	百	十	元	角	分	
附单据	张	合计																					

会计主管 记账 稽核 制单

转账记账凭证

年 月 日 凭证编号________

摘要	总账科目	明细科目	借方金额										贷方金额										记账符号
			千	百	十	万	千	百	十	元	角	分	千	百	十	万	千	百	十	元	角	分	
附单据	张	合计																					

会计主管 记账 稽核 制单

收款记账凭证

凭证编号________　　出纳编号________

年　月　日

借方科目	

摘要	结算方式	票号	贷方科目		金额											记账符号
			总账科目	明细科目	亿	千	百	十	万	千	百	十	元	角	分	
附单据　张			合计													

会计主管　　记账　　稽核　　制单　　出纳　　交款人

付款记账凭证

凭证编号________　　出纳编号________

年　月　日

贷方科目	

摘要	结算方式	票号	借方科目		金额											记账符号
			总账科目	明细科目	亿	千	百	十	万	千	百	十	元	角	分	
附单据　张			合计													

会计主管　　记账　　稽核　　制单　　出纳　　领款人

转账记账凭证

年　月　日　　凭证编号________

摘要	总账科目	明细科目	借方金额										贷方金额										记账符号
			千	百	十	万	千	百	十	元	角	分	千	百	十	万	千	百	十	元	角	分	
附单据　张		合计																					

会计主管　　记账　　稽核　　制单

实验五 记账凭证的审核

一、实验目的

记账凭证记录的是会计信息,直接关系到会计信息的质量。记账凭证经过审核无误后,才能登记账簿,掌握记账凭证审核的内容和技巧可以实现以下目的:

(1)掌握审核记账凭证的方法,能对记账凭证进行规范性、合理性、合法性审核。

(2)掌握借贷记账法的规则,审核分析经济业务事项涉及的会计要素的准确性。

二、实验要求

记账凭证编制完成后,要按要求对记账凭证进行审核,如有错误及时补救。

(1)审核记账凭证内容。审核记账凭证是否有原始凭证,记账凭证的内容与所附原始凭证的内容是否相符。

(2)审核会计处理方法。审核会计科目的应用是否正确,二级或明细科目是否齐全,科目对应关系是否清晰,金额是否正确。

(3)审核其他有关项目。审核是否全部填列齐全,有关人员是否签字或盖章。

(4)对审核后的记账凭证进行处理。经会计人员审核无误的记账凭证。可据以登记账簿,对不合乎规定手续或内容不准确的记账凭证,应按规定的方法及时更正。

(5)记账凭证应该按业务发生顺序按不同种类的记账凭证连续编号以便将来查阅、核对。若一笔经济业务需填制多张记账凭证的,可以采用按该项经济业务的记账凭证数量编列分数顺序号的方法。

三、实验步骤

(1)审核所付原始凭证的经济内容和张数是否与记账凭证相符。

(2)审核依据原始凭证所确定的会计分录,包括借方、贷方的科目名称是否正确,对应关系是否清楚,所记金额有无错误,借方金额和贷方金额是否相等,总账科目金额与所属明细账科目金额是否相符。

(3)审核记账凭证中的有关项目是否填列齐全,有无错误,有关人员是否签名或盖章。

(4)审核记账凭证是否根据每一张原始凭证填制或者根据同类原始凭证汇总填列。

(5)审核记账凭证是否顺次编号。

四、实验资料

丹阳市北国有限责任公司20××年5月份发生的经济业务的原始凭证审核无误,会计人员根据审核无误的原始凭证填制的记账凭证如下,将审核有误的记账凭证使用正确的方法进行更正。

(1)5月7日,从银行提取现金1 000元,以备日常开支。出纳员开出现金支票一张。

中国工商银行
现金支票存根
10241623
00516259

附加信息

出票日期 20 年5月7日

收款人:北国有限责任公司
金 额:1 000.00
用 途:提备用金

单位主管 会计

本支票支付期限十天

中国工商银行 现金支票

10241623
00516259

出票日期(大写)贰零 年零伍月零柒日 付款行名称:工行沿海路分理处
收款人:丹阳市北国有限责任公司 出票人账号:211010300527168

人民币(大写)	壹仟元整	万	千	百	十	万	千	百	十	元	角	分
						¥	1	0	0	0	0	0

用途 提备用金 密码
上列款项请从
我账户支付
出票人签章 复核 记账

付款记账凭证

20 年5月7日

凭证编号 06 出纳编号 02

贷方科目 银行存款

摘要	结算方式	票号	借方科目 总账科目	明细科目	亿	千	百	十	万	千	百	十	元	角	分	记账符号
提备用金	支票		现金							1	0	0	0	0	0	
附单据 贰 张			合 计						¥	1	0	0	0	0	0	

会计主管 张萍 记账 林俊 稽核 制单 林俊 出纳 闻健 领款人

(2)5月9日,企业将收到的零星货款5 000元存入银行。

ICBC 中国工商银行现金交款单(回单)

20 年5月9日 NO. 435008

存款人	全 称	丹阳市北国有限责任公司		
	账 号	221010300527168	款项来源	零星货款
	开户行	工行沿海路分理处	交款人	闻健

人民币:(大写)	伍仟元整	十	万	千	百	十	元	角	分
			¥	5	0	0	0	0	0

种类	张数	种类	张数	种类	张数	种类	张数	(银行盖章)
壹佰元	40	伍元		伍角		伍分		
伍拾元	8	贰元		贰角		贰分		收款
拾元	60	壹元		壹角		壹分		复核

凭证编号 05　　出纳编号 02

收款记账凭证

20 年5月9日

借方科目	库存现金

摘要	结算方式	票号	借方科目		金额											记账符号
			总账科目	明细科目	亿	千	百	十	万	千	百	十	元	角	分	
交款	现金		银行存款							5	0	0	0	0	0	
附单据 壹 张			合计						￥	5	0	0	0	0	0	

会计主管 张萍　　记账 林俊　　稽核　　制单 林俊　　出纳 闻健　　领款人

(3)厂办高扬5月10日出差长春开会,预借差旅费800元,用现金支付。

借　款　单(记账)

20 年5月10日　　　　第 29 号

借款部门	厂办	姓名	高扬	事由	开会
借款金额(大写)	捌佰元整		￥ 800.00		
部门负责人签署	苏红	借款人签章	高扬	注意事项	一、凡借用公款必须使用本单 二、第三联为正式借据由借款人和单位负债人签章 三、出差返回后三日内结算
单位领导批示		审核意见			

第三联 报销后返回原借款人

凭证编号 08　　出纳编号 03

付款记账凭证

20 年5月10日

贷方科目	管理费用

摘要	结算方式	票号	借方科目		金额											记账符号
			总账科目	明细科目	亿	千	百	十	万	千	百	十	元	角	分	
借款	现金		库存现金							1	0	0	0	0	0	
附单据 贰 张			合计						￥	1	0	0	0	0	0	

会计主管 张萍　　记账 林俊　　稽核　　制单 林俊　　出纳 闻健　　领款人 高扬

(4)5 月 15 日，一车间为生产 B 产品需用乙材料 200 千克，经车间主任李林峰批准，领料员江翠从二号仓库领出乙材料 200 千克，单价 150 元。材料编号 802，请填写领料单。

领　料　单(记账联)

发料仓库：二号　　　　20　年 5 月 15 日　　　　第802号

领料部门	一车间	用途	产品名称和编号	费用项目	其　他		
	班(组)		B 产品	生产成本			
类别：材料及主要材料			单位	数量		实际成本	
编号	名称	规格		请领	实发	单价	金额
802	乙材料		千克	200	200	150	30 000

第三联　财会部门

会计主管　张萍　　记账　黄晓　　仓库　秦健　　负责　李林峰　　领料　江翠　　填制　喻剑

转账记账凭证

20　年 5 月 15 日　　　　凭证编号　18

摘　要	总账科目	明细科目	借方金额										贷方金额										记账符号
			千	百	十	万	千	百	十	元	角	分	千	百	十	万	千	百	十	元	角	分	
领材料	制造费用	乙材料				3	0	0	0	0	0	0											
	材料采购															3	0	0	0	0	0	0	
附单据　壹　张		合　计			¥	3	0	0	0	0	0	0			¥	3	0	0	0	0	0	0	

会计主管 张萍　　记账 林俊　　稽核 章清　　制单 闻健

(5)5 月 23 日，厂办高扬到铁岭出差归来，报销差旅费 1 800 元，预借 2 000 元(票据略)。余款现金收回。

收　　据

20　年 5 月 23 日　　　　第003号

交款单位或姓名	高扬
款项内容	出差余款退回
金额	人民币(大写)贰佰元整　　　　¥200.00

收款单位公章　　　　收款：闻健　　　　交款：高扬

差旅费报销单

单位：厂办　　　　　　　　　　　　20　年5月23日填

月	日	时	出发地	月	日	时	到达地	车船费客票	伙食补助 人数	伙食补助 天数	伙食补助 金额	市内交通费	住宿费	其他	合计
6	15		丹阳	6	15		铁岭	80	1	9	720	90	720	110	1 720
6	7		铁岭	6	7		丹阳	80							80
合计								160			720	90	720	110	1 800

出差事由	出差	报销金额（大写）	⊗万壹仟捌佰零拾零元零角零分	预借金额	2 000
		单位领导	单位主管 苏红　报销人 高扬	报销金额	1 800
				结余或超支	200

会计主管　张萍　　　记账　林俊　　　审核　章清　　　附单据　拾　张

付款记账凭证

20　年5月23日

凭证编号 09　　出纳编号 06

贷方科目：库存现金

摘要	结算方式	票号	借方科目 总账科目	借方科目 明细科目	亿	千	百	十	万	千	百	十	元	角	分	记账符号
还款	现金		其他应收款								2	0	0	0	0	
附单据 贰 张			合计							¥	2	0	0	0	0	

会计主管　　记账　　稽核　　制单　　出纳 闻健　　领款人

转账记账凭证

20　年5月23日　　　　凭证编号 20

摘要	总账科目	明细科目	借方 千	百	十	万	千	百	十	元	角	分	贷方 千	百	十	万	千	百	十	元	角	分	记账符号
报销	管理费用	差旅费					1	8	0	0	0	0											
	其他应收款	高扬															1	8	0	0	0	0	
附单据 张		合计				¥	1	8	0	0	0	0				¥	1	8	0	0	0	0	

会计主管 张萍　　记账 林俊　　稽核 章清　　制单 林俊

(6)5 月 25 日，以电汇方式偿还前欠货款。

ICBC 中国工商银行电汇凭证（回单） 1

☑普通 □加急 委托日期 20 年 5 月 25 日 流水号 01008

汇款人	全称	丹阳市北国有限责任公司	收款人	全称	新城材料有限责任公司
	账号	221010300527168		账号	2233556677889900
	汇出地点	辽宁省 丹阳市/县		汇入地点	辽宁省朝阳市/县
汇出行名称		工商行丹阳市沿海路分理处	汇入行名称		工行建平支行

金额	人民币（大写）	千	百	十	万	千	百	十	元	角	分
	壹拾柒万陆仟元整		¥	1	7	6	0	0	0	0	0

汇出行签章

支付密码

附加信息及用途

复核 戴红 记账 路明

此联是汇出行交给汇款人的回单

付款记账凭证

20 年 5 月 25 日

凭证编号 25 出纳编号 20

贷方科目 银行存款

摘要	结算方式	票号	借方科目 总账科目	借方科目 明细科目	亿	千	百	十	万	千	百	十	元	角	分	记账符号
还款	信汇		应付账款	新城材料				1	7	6	0	0	0	0	0	
附单据 贰 张			合计				¥	1	7	6	0	0	0	0	0	

会计主管 记账 稽核 制单 林俊 出纳 领款人

(7)5 月 28 日，收到银行转来的委托收款到账通知。

ICBC 托 收 凭 证（汇款依据或收账通知）4

委托日期 20　年5月21日　　付款期限20　年5月25日

业务类型		委托收款（☑邮划、☐电划）			托委承付（☐邮划、☐电划）												
付款人	全　称	丹阳市北国有限责任公司			收款人	全　称	江城市光华有限责任公司										
	账　号	221010300527168				账　号	110-202888-111										
	地　址	辽宁省丹阳市县	开户行	工行沿海路办事处		地　址	辽宁省江城市县	开户行	工行向阳分理处								
金额	人民币（大写）	伍拾捌万柒仟元整					亿	千	百	十	万	千	百	十	元	角	分
									¥	5	8	7	0	0	0	0	0
款项内容	贷款	托收凭据名称	委托收款		附寄单证张数	伍											
货物发运情况		已发货	合同号码		2030110												
备注： 复核：　记账：		上列款项已划回收入你方账户内。 收款人开户行签章 20　年5月25日															

此联付款人开户银行凭以汇款或收款人开户银行收款通知

转账记账凭证

20　年5月28日　　　　凭证编号 23

摘　要	总账科目	明细科目	借方金额										贷方金额										记账符号
			千	百	十	万	千	百	十	元	角	分	千	百	十	万	千	百	十	元	角	分	
收款	银行存款				5	8	7	0	0	0	0	0											
	应收账款	光华公司													5	8	7	0	0	0	0	0	
附单据	张	合　计		¥	5	8	7	0	0	0	0	0		¥	5	8	7	0	0	0	0	0	

会计主管 张萍　　记账 林俊　　稽核 章清　　制单 林俊

五、实验思考

(1)记账凭证审核中应注意哪些问题?

(2)如何审核记账凭证和原始凭证的一致性?

(3)审核记账凭证的书写应注意哪些事项?

(4)单位谁负责审核记账凭证的项目有哪些?

(5)审核记账凭证的步骤有哪些?

(6)如何审核记账凭证的各个项目?

(7)记账凭证审核中最容易忽视的是什么?

(8)审核记账凭证有误,应如何更改?

(附凭证)

凭证编号________　　出纳编号________

收款记账凭证

年　月　日

借方科目	

摘要	结算方式	票号	贷方科目		金额											记账符号
			总账科目	明细科目	亿	千	百	十	万	千	百	十	元	角	分	
附单据　张			合计													

会计主管　　记账　　稽核　　制单　　出纳　　交款人

凭证编号________　　出纳编号________

收款记账凭证

年　月　日

借方科目	

摘要	结算方式	票号	贷方科目		金额											记账符号
			总账科目	明细科目	亿	千	百	十	万	千	百	十	元	角	分	
附单据　张			合计													

会计主管　　记账　　稽核　　制单　　出纳　　交款人

凭证编号________　　出纳编号________

收款记账凭证

年　月　日

借方科目	

摘要	结算方式	票号	贷方科目		金额											记账符号
			总账科目	明细科目	亿	千	百	十	万	千	百	十	元	角	分	
附单据　张			合计													

会计主管　　记账　　稽核　　制单　　出纳　　交款人

凭证编号________　　出纳编号________

收款记账凭证

年　月　日

借方科目	

摘要	结算方式	票号	贷方科目		金额											记账符号
			总账科目	明细科目	亿	千	百	十	万	千	百	十	元	角	分	
附单据	张		合　计													

会计主管　　记账　　稽核　　制单　　出纳　　交款人

凭证编号________　　出纳编号________

收款记账凭证

年　月　日

借方科目	

摘要	结算方式	票号	贷方科目		金额											记账符号
			总账科目	明细科目	亿	千	百	十	万	千	百	十	元	角	分	
附单据	张		合　计													

会计主管　　记账　　稽核　　制单　　出纳　　交款人

凭证编号________　　出纳编号________

收款记账凭证

年　月　日

借方科目	

摘要	结算方式	票号	贷方科目		金额											记账符号
			总账科目	明细科目	亿	千	百	十	万	千	百	十	元	角	分	
附单据	张		合　计													

会计主管　　记账　　稽核　　制单　　出纳　　交款人

凭证编号________ 出纳编号________

付款记账凭证

年 月 日

贷方科目	

摘要	结算方式	票号	借方科目		金额											记账符号
			总账科目	明细科目	亿	千	百	十	万	千	百	十	元	角	分	
附单据 张			合计													

会计主管 记账 稽核 制单 出纳 领款人

凭证编号________ 出纳编号________

付款记账凭证

年 月 日

贷方科目	

摘要	结算方式	票号	借方科目		金额											记账符号
			总账科目	明细科目	亿	千	百	十	万	千	百	十	元	角	分	
附单据 张			合计													

会计主管 记账 稽核 制单 出纳 领款人

凭证编号________ 出纳编号________

付款记账凭证

年 月 日

贷方科目	

摘要	结算方式	票号	借方科目		金额											记账符号
			总账科目	明细科目	亿	千	百	十	万	千	百	十	元	角	分	
附单据 张			合计													

会计主管 记账 稽核 制单 出纳 领款人

凭证编号________ 出纳编号________

付款记账凭证

年 月 日

贷方科目	

摘要	结算方式	票号	借方科目		金额											记账符号
			总账科目	明细科目	亿	千	百	十	万	千	百	十	元	角	分	
附单据 张			合计													

会计主管 记账 稽核 制单 出纳 领款人

凭证编号________ 出纳编号________

付款记账凭证

年 月 日

贷方科目	

摘要	结算方式	票号	借方科目		金额											记账符号
			总账科目	明细科目	亿	千	百	十	万	千	百	十	元	角	分	
附单据 张			合计													

会计主管 记账 稽核 制单 出纳 领款人

凭证编号________ 出纳编号________

付款记账凭证

年 月 日

贷方科目	

摘要	结算方式	票号	借方科目		金额											记账符号
			总账科目	明细科目	亿	千	百	十	万	千	百	十	元	角	分	
附单据 张			合计													

会计主管 记账 稽核 制单 出纳 领款人

转账记账凭证

年　月　日　　　　凭证编号________

摘要	总账科目	明细科目	借方金额										贷方金额										记账符号
			千	百	十	万	千	百	十	元	角	分	千	百	十	万	千	百	十	元	角	分	
附单据	张	合计																					

会计主管　　记账　　稽核　　制单

转账记账凭证

年　月　日　　　　凭证编号________

摘要	总账科目	明细科目	借方金额										贷方金额										记账符号
			千	百	十	万	千	百	十	元	角	分	千	百	十	万	千	百	十	元	角	分	
附单据	张	合计																					

会计主管　　记账　　稽核　　制单

转账记账凭证

年　月　日　　　　凭证编号________

摘要	总账科目	明细科目	借方金额										贷方金额										记账符号
			千	百	十	万	千	百	十	元	角	分	千	百	十	万	千	百	十	元	角	分	
附单据	张	合计																					

会计主管　　记账　　稽核　　制单

转账记账凭证

年　月　日　　　　凭证编号________

摘要	总账科目	明细科目	借方金额										贷方金额										记账符号
			千	百	十	万	千	百	十	元	角	分	千	百	十	万	千	百	十	元	角	分	
附单据	张	合计																					

会计主管　　记账　　稽核　　制单

实验六　特种日记账的登记

一、实验目的

会计账簿，是指以会计凭证为依据，序时、连续、系统、全面地记录和反映企业、机关和事业等单位经济活动全部过程的簿籍。这种簿籍是由若干具有专门格式又相互联结的账页组成的。特种日记账，将某一类经济业务按其发生时间的先后顺序记入账簿中，反映某一特定项目的详细情况。通过本实验可以实现以下目的：

(1)熟练掌握现金日记账和银行存款日记账的登记方法。

(2)了解现金日记账和银行存款日记账由出纳员登记。会计工作，首先从出纳工作开始，通过日记账的设置和登记，可以对出纳工作有一定的了解。

(3)熟悉现金日记账、银行存款日记账日清月结的方法，做到逐日逐笔登记。库存现金日记账必须逐日结出余额，以便进行现金管理。

二、实验要求

特种日记账是为记录某一类经济业务专门设置的日记账。它的特点是对某些重要的、发生频繁、需要经常查核、性质相同的经济业务进行逐笔序时登记。常用的有现金日记账、银行存款日记账等。现金日记账是用来逐日反映库存现金的收入、付出及结余情况的特种日记账。它是由单位出纳人员根据审核无误的现金收、付款凭证和从银行提现的银付凭证逐笔进行登记的。

现金日记账和银行存款日记账是专门用来记录银行存款收支业务的一种特种日记账。为了确保账簿的安全、完整，现金日记账和银行存款日记账必须采用订本式账簿，其账页格式一般采用“借方”“贷方”和“余额”三栏式。银行存款借方数额应根据有关的银行存款收款凭证和现金付款凭证登记，贷方数额应根据有关的付款凭证登记。每日业务终了时，应计算、登记当日的库存现金和银行存款借方合计数、贷方合计数，及时结清账面余额，以便检查监督各项收入和支出款项，避免坐支现金的出现，并便于定期同银行存款对账单核对。

登记账簿是会计核算中的一个主要环节。记账工作必须认真，必须切实做到登记正确，内容完整、数字准确、摘要清楚、登记及时，还要做到不漏记、不错记和不重复记账。为了做好记账工作，保证记账的质量，记账人员必须明确分工、专人专职严格遵守各项记账要求。

(1)登账时，必须根据经过审核无误的会计凭证为依据。记账时，每一笔账都要记明日期、凭证号数、摘要和金额。记账后，要在记账凭证上注明所记账簿的页次，或划“√”符号，以免重记、漏记。

(2)登账时，必须用蓝(黑)色墨水钢笔书写，除了复写外，不得用圆珠笔。记账除结账划线、冲销、调整账务和更正错误记录外，不得用红色墨水书写；因为在会计核算中红色数字表示对黑色数字的冲销、冲减或表示负数。

(3)登账时，应按账户页次顺序逐行逐页登记，不得隔页、跳行。如果发生跳行、隔页时，应在空行、空页处用红色墨水笔画对角线注销，注明“此行作废”或“此页作废”字样，并由记账人员盖章。

(4)记账时,要保持清晰、整洁,记账的文字或数字都要端正、清楚,严禁挖补、刮擦、涂改或用药水消除字迹。

(5)记账时应按会计凭证上的分录所指借、贷方向登记,不要记错借、贷方向,凡需结出余额的账户,在结出余额后,应在"借"或"贷"栏内写明"借"或"贷"字样,没有余额的账户,应在该栏内写"平"字以表示该账户已经结平,同时在金额栏"元"位上用"0"表示。

(6)各个账户在一张账页记满时,要在该账页的最末一行分别记借、贷双方发生额合计并结出余额,并在该行"摘要"栏内注明"转次页"或"过次页"字样,然后再将这个发生额合计数和余额数填列到下一页的第一行内,并在"摘要"栏内注明"承前页"字样,以保证账簿记录的连续性。

(7)订本式账簿,一般都编有账页的顺序号,不得任意撕毁。活页式账簿的账页在启用后,除经会计主管人员同意外,也不得随便调换。

三、实验步骤

1. 建账及启用日记账

在启用账簿时,应在账簿的扉页填列"账簿启用登记表",详细载明:单位名称、账簿名称、账簿编号、账簿页数、启用日期,加盖单位公章,并由会计主管人员和出纳员签章。更换出纳员时,应办理交接手续,在交接记录内填写交接日期和交接人、监交人姓名,加盖名章。

2. 登记现金日记账

现金日记账由出纳员根据审核无误的现金收、付款凭证,按收付业务的先后顺序,逐日逐笔登记;每日终了,应分别计算库存现金借方、贷方的合计数,并与金库的现金进行核对。

现金日记账为三栏式订本式,由出纳人员根据收款凭证和付款凭证登记。具体登记步骤如下:

(1)将发生经济业务的日期填入"日期"栏。"年度"记入该栏上端,"月、日"分别填写入各小栏内,除年度、月份变动或使用新账页时,需再填写年度和月份外,月度内记账可只填写"日"一栏。

(2)"凭证种类、号数"栏内,登记该项经济业务所填制记账凭证的种类和编号,如"现金收(付)款凭证"简写为"现收(付)","银行存款收(付)款凭证"简写为"银收(付)"。

(3)在"摘要"栏内,简要说明入账经济业务的内容。内容文字要简练,并且能说明问题,要与凭证的摘要一致。

(4)"对方科目"栏,登记与库存现金相对应的科目,可根据记账凭证上的会计分录填写,表明该项经济业务的来龙去脉。

(5)将现金收款凭证上借方科目的金额登记到"借方"栏,将现金付款凭证上贷方科目的金额登记到"贷方"栏。

(6)将期初结存金额加本日借方发生额合计金额减本日贷方发生额合计金额得出的余额,填入"余额栏"。其计算公式为:本日余额＝上日余额＋本日借方合计额－本日贷方合计金额

(7)月末时,在本月登记的最后一笔经济业务下面的"摘要栏"内写上"本月合计"字样,其"借方"栏数额为本月收入的合计数,"贷方"栏数额为本月支出的合计数,用月初余额加上本月借方合计数减去本月贷方合计数即为本月结存的现金数额。

3. 登记银行存款日记账

银行存款日记账登记方法的步骤与现金日记账登记方法的步骤基本相同。

四、实验资料

(1)辽宁省丹阳市北国有限责任公司20××年6月初有关银行存款、库存现金月初余额：

银行存款日记账(三栏式)

20××年		凭证号	结算方式		摘要	对方科目	借方										贷方										借或贷	余额									
月	日		种类	号数			千	百	十	万	千	百	十	元	角	分	千	百	十	万	千	百	十	元	角	分		千	百	十	万	千	百	十	元	角	分
6	1				期初余额																						借			4	9	3	7	9	0	0	0

现金日记账(三栏式)

20××年		凭证号	摘要	对方科目	借方										贷方										借或贷	余额									
月	日				千	百	十	万	千	百	十	元	角	分	千	百	十	万	千	百	十	元	角	分		千	百	十	万	千	百	十	元	角	分
6	1		期初余额																						借					6	0	0	0	0	0

(2)根据实验二、实验四填制的原始凭证及外来原始凭证编制的有关银行存款和库存现金会计科目的收、付款记账凭证，登记账簿。

五、实验思考

(1)什么是特种日记账？分几类？

(2)序时日记账按什么顺序登账？

(3)启用新账本时要注意填列哪些项目？

(4)登记银行存款日记账、现金日记账的依据是什么？

(5)什么叫日清月结？如何计算？

(6)登记现金日记账的步骤是什么？

(7)出纳员的主要职责是什么？

(附账页)

银行存款日记账

年		凭证号	结算方式		摘要	对方科目	借方										贷方										借或贷	余额									
月	日		种类	号数			千	百	十	万	千	百	十	元	角	分	千	百	十	万	千	百	十	元	角	分		千	百	十	万	千	百	十	元	角	分

现金日记账

年		凭证号	摘要	对方科目	借方										贷方										借或贷	余额									
月	日				千	百	十	万	千	百	十	元	角	分	千	百	十	万	千	百	十	元	角	分		千	百	十	万	千	百	十	元	角	分

实验七　明细分类账的登记

一、实验目的

明细分类账是按照各个明细账户分类登记经济业务的账簿，根据各单位的实际需要，应按照二级或三级科目开设明细账户，用来分类、连续地记录有关资产、负债、所有者权益、收入、费用及利润的详细资料，提供编制会计报表需要的数据。通过明细分类账簿的登记，实现以下目的：

(1)学会建立各种明细账，掌握各种明细账的格式及应用范围。

(2)掌握各种明细账的建立方法、登记方法、结账和对账的方法。

(3)能够阅读理解各类会计凭证所反映的内容，具有准确判断、熟练识别会计凭证准确与否的能力，会根据凭证登记各种明细账。

(4)熟练掌握企业会计核算的基本程序、企业明细账、会计岗位的工作内容与凭证流转程序。

(5)学会计算材料采购成本和产品成本的计算及相关成本明细账的登记。

二、实验要求

(一)建账及启用明细账

(1)在启用账簿时，应填写“账户目录表”。总账账户按照科目编号和科目名称填列，写明各自的起讫页数。明细账户除按照科目编号和科目名称填列以外，并要填明所属明细账户名称。若采用的是活页式账簿，可在定期装订后再按实际使用的账页顺序编制页数进行填列。

(2)登记三栏式的应收账款明细账、数量金额式的原材料明细账、多栏式的应交增值税明细账等。明细账的登记方法，应根据各会计主体所记录的经济业务内容、业务量大小和经营管理上的要求而定。

(3)在建账或结转新账时，应根据需要选择或确定会计科目、明细科目，并在账簿的账页上开设账户。在账页眉线上的有关位置要注明账户名称，登记期初余额。在账页右侧，按鱼鳞参差形式粘贴上口取纸，标明账户名称，以利日后查找。每个账户都应留有所需的账页数，既不能少，不够使用；也不能多，造成浪费。

(二)明细分类账登记的一般要求

明细账也称明细分类账，是按每个明细科目设置并进行分类登记的账簿。是总分类账的补充。一般根据记账凭证直接登记，但有时也可根据有关的原始凭证进行登记。

明细账主要有三种格式，即三栏式、多栏式和数量金额式。

1. 三栏式明细分类账

三栏式明细分类账是设有借方、贷方和余额三个栏目，用以分类核算各项经济业务，提供详细核算资料的账簿,适用于只进行金额核算的账户,如应收账款、应付账款等往来结算账户。

2. 多栏式明细分类账

多栏式明细分类账是将属于同一个总账科目的各个明细科目合并在一张账页上进行登记,即在这种格式账页的借方或贷方金额栏内按照明细项目设若干专栏,适用于成本费用类科目的明细核算,如“生产成本明细账”。多栏式明细分类账又细分为以下三种:

(1)借方多栏式明细账。这种明细账一般适用于只需要进行金额核算而不需要进行数量核算,在账页中设有借方多个金额栏、贷方和余额各一个金额栏。并且管理上要求反映项目构成情况的设置多个明细科目的成本或费用类账户。如“制造费用”“管理费用”“生产成本”等。这种明细账平时只有借方发生额,而贷方只在月末发生一次与借方发生额合计相同金额,也可不设贷方和余额栏,对于减少或转出的金额,只在借方栏内用“红字”记录。

(2)贷方多栏式明细账。这种明细账在账页中设有贷方多个金额栏、借方和余额各一个金额栏。如“主营业务收入”“其他业务收入”“营业外收入”等。这种明细账平时只有贷方发生额,而借方只在月末发生一次与贷方发生额合计相同金,也可不设借方和余额栏,对于减少或转出的金额,只在贷方栏内用“红字”记录。

(3)借贷方多栏式明细账(特种明细账)。这种明细账在账页中设有借方多个金额栏、贷方多个金额栏、余额一个金额栏。如“本年利润”“应交税费——应交增值税”明细账等。

3. 数量金额式明细分类账

数量金额式明细分类账是在借方、贷方和余额各栏中都分别设有数量、单价和金额三个栏目的明细账,适用于既要进行金额核算又要进行数量核算的账户,如原材料、库存商品等存货账户。采用数量金额式明细分类账提供了企业有关财产物资的数量和金额收、发、存的详细资料,从而能加强财产物资的实物管理和使用监督,可以保证这些财产物资的安全完整。

综上所述,各种明细账的登记方法,应根据本单位业务量的大小和经营管理的需要以及记录经济业务内容而定,可以根据原始凭证和记账凭证逐笔登记,也可以根据这些凭证逐日或定期汇总登记。

(三)账簿的书写规则

明细账的书写规则与实验六中特种日记账的书写规则基本相同,需要补充介绍的书写规则如下:

(1)登账必须用黑色墨水笔书写,不得用铅笔,除了复写外,不得用圆珠笔。这主要是为了长期保存。国家规定各种账簿的归档保管年限一般在十年以上,要求字迹要长久清晰,以便日后查核使用,防止涂改。不得用其他颜色的笔记账。但下列情况可以用红色墨水记账。

①按照红字冲账的记账规则,冲销错误记录。

②在只有借方(或贷方)栏的多栏式账页中,登记贷方(或借方)发生额。

③在三栏式账户的余额栏前,如未印明余额方向(借或贷),在余额栏内登记负数余额。

④结账划线或按规定用红字登记的其他记录。

(2)登账应按账户页次顺序逐行逐页登记,不得隔页、跳行。如果发生跳行、隔页时,不得撕毁,应在空行、空页处用红色墨水笔划对角线注销,注明“此行作废”或“此页作废”字样,并由记账人员盖章。活页账簿也不得随便抽换账页。

(3)记账要保持清晰、整洁,记账的文字或数字都要端正、清楚,严禁挖补、刮擦、涂改或用药水消除字迹,也不许重抄。应按规定的错账更正规则进行更正。

(4)需要结计本年累计发生额的账户,结计“转次页”的本页合计数应当为自年初起至本页末止的发生额累计数,如“本年利润”账户和采用“表结法”下的各损益类账户。

既不需要结计本月发生额,也不需要结计本年累计发生额的账户,可以只将每页末的余额结转次页。如债权、债务结算类账户、“实收资本”等账户。

(5)当期会计凭证全部过入相应的账户后,就应结出各个账户的本期借、贷方发生额合计数及期末余额,这一过程就是结账。结账分月结和年结,月结,在账户的最后一行记录下方划一条通栏红线(与账页格式的该行底格线重合)表示本期记录止于此。于下一行摘要栏写“本月合计”,在金额栏里结出该账户本期借方发生额合计、本期贷方发生额合计和期末余额。期末余额写在余额栏里(有三种写法:一是写在经济业务最后一行的余额栏内;二是写在本月合计行的余额栏里;三是一、二两处各写相同的余额)。若是月结,再在这一行的结账记录下方划一条通栏的单红线,与下月记录相区分。若是年结,则划通栏双红线表示本年累计业务已结束。结账行的余额的方向栏内要标明余额方向借或贷。当余额为零时,在方向栏里写“平”字样,金额栏写“0”。“本月合计”“本年累计”“本年合计”,也可以用橡皮章代替手写。明细分类账结账分以下两种情况:

①如果年末没余额,需要按月结计本期发生额及结计余额的明细账,只需在12月最后一笔经济业务记录之下通栏划双红线,表示封账。

②如果年末有余额,要将余额结转下年,不需要编写记账凭证,结转时,应结出每个账户的期末余额。需要结出当月发生额的,应在“摘要”栏内注明“本月合计”字样。并在下面划一条通栏单红线。需要结出本年累计发生额的,应在“摘要”栏内注明“本年累计”字样,并在下面划一条通栏单红线。12月末的“本年累计”就是全年累计发生额,全年累计发生额下应划通栏双红线。年度终了,要把各账户的余额结转下年,并在“摘要”栏用红笔注明“结转下年”字样,方向栏的借(贷)、金额栏的金额都用红笔转出。在新账本的第一行摘要栏写注明“上年结转”,把方向栏的借(贷)、金额栏的金额登记到各自位置。全年没有发生额而有年初余额的账户,直接红笔结转余额。

三、实验步骤

(一)三栏式明细账的登账步骤

三栏式明细账一般为活页式,由会计人员登记。一般适用于只能或只需核算金额的账户,如:应收账款、应付账款、实收资本等。其登账的步骤如下:

(1)日期栏:登记经济业务发生的具体时间,与记账凭证的日期一致。

(2)凭证号:登记记账凭证的种类和编号。

(3)摘要栏:登记业务的简要内容,与记账凭证的摘要内容一致。

(4)借贷方金额栏:登记账户借方、贷方发生额。

(5)借贷方向栏:登记余额的方向。

(6)余额栏:登记每笔业务发生后该账户的余额。

(二)数量金额式明细账的登账步骤

数量金额式明细账的账页,在借方、贷方和余额三栏内,再分别设置"数量""单价""金额"栏。这种明细账一般适用于既要进行金额核算,又要进行实物数量核算的财产物资的明细核算,如"原材料""库存商品"等账户的明细核算。其登账的步骤如下:

(1)登记存货的编号、名称、计量单位、规格和单价等。

(2)登记日期栏、凭证号和摘要栏。

(3)登记有关的栏项的数量、单价和金额。数量栏登记实际入、出库和结存的物资数量;借方的单价栏和金额栏登记入库的材料的单位、成本;贷方和余额的单价栏和金额栏其登记方法取决于期末存货的计价方法,在月末一次加权平均法下,一个月只在月末登记一次。

(三)多栏式明细账的登账步骤

多栏式明细账是在账页的借方、贷方分设若干专栏进行明细分类核算的账簿。多栏式明细账的格式可以根据管理需要灵活设计。其登记方法如下:

(1)登记账户名称。

(2)登记日期、摘要和凭证号。

(3)在对应栏项登记相应的金额。

(4)汇总并结转相应的项目。

四、实验资料

(1)有关明细账分类账户及余额。

总分类账户	明细账账户	应用账页(张数)	5月31日余额(元)	
			借方	贷方
应收账款	丹阳市新华有限责任公司	三栏式(1)	816 000	
	沈阳东风有限责任公司	三栏式(1)	226 000	
	东北有限责任公司	三栏式(1)	247 000	
	合 计		1 289 000	
其他应收款	喻剑	三栏式(1)	1 500	
	丹阳市保险公司	三栏式(1)	500	
	合 计		2 000	
固定资产	生产车间	三栏式(1)	2 000 000	
	管理部门	三栏式(1)	150 000	
	合 计		2 150 000	
累计折旧		三栏式(1)		481 600
短期借款	生产周转借款	三栏式(1)		240 000

续表

总分类账户	明细账账户	应用账页(张数)	5月31日余额(元)	
			借方	贷方
应付账款	沈阳中华有限责任公司	三栏式(1)		83 000
	白山市兴业有限责任公司	三栏式(1)		21 000
	新城材料有限责任公司	三栏式(1)		126 000
	合　计			230 000
应付职工薪酬	职工福利	三栏式(1)		8 500
	社会保险	三栏式(1)		43 790
	职工教育经费	三栏式(1)		1 500
	合　计			53 790
应交税费	增值税	多栏式(1)		153 000
	城市建设维护税	三栏式(1)		10 710
	教育费附加	三栏式(1)		4 590
	合　计			168 300
其他应付款	代扣社保费	三栏式(1)		13 800
	兴旺公司抵押金	三栏式(1)		15 000
	合　计			28 800
实收资本	丹阳市工业总公司	三栏式(1)		1 500 000
	丹阳市振新股份有限	三栏式(1)		500 000
	合　计			2 000 000
本年利润		多栏式(1)		2 250 000

(2)数量金额明细分类账户及余额。

总分类账户	明细账账户	应用账页(张数)	编号	单位	数量	单价(元)	金额(元)
原材料	甲材料	数量金额式(1)	801	千克	4 000	120	480 000
	乙材料	数量金额式(1)	802	千克	3 000	150	450 000
	合计						930 000
库存商品	A产品	数量金额式(1)	101	件	500	1 070	535 000
	B产品	数量金额式(1)	102	件	450	942	423 900
合计							958 900

(3)其他资料。

总分类账户	明细账账户	应用账页(张数)	1～5月发生额(元)	
			借方	贷方
主营业务收入	A产品(2 500×2 200)	多栏式(1)		5 500 000
	B产品(2 000×2 100)			4 200 000
	合 计			9 700 000
主营业务成本		多栏式(1)	2 750 000	
			2 058 000	
	合 计		4 808 000	
其他业务收入		多栏式(1)		200 000
其他业务成本		多栏式(1)	102 000	
营业税金及附加		三栏式(1)		
销售费用		多栏式(1)	65 020	
管理费用		多栏式(1)	756 000	
财务费用		多栏式(1)	985 980	
资产减值损失		三栏式(1)	25 000	
投资收益		多栏式(1)	20 000	
营业外收入		多栏式(1)		40 000
营业外支出		多栏式(1)		30 000
所得税费用		三栏式(1)	208 000	

(4)实验二、实验四编制的记账凭证。

五、实验思考

(1)根据管理需要明细账分哪些种类?

(2)各种明细账与原始凭证、记账凭证有什么本质的联系?

(3)会计账簿启用时有哪些注意事项?

(4)各类明细账月末、年末应如何结账?

(5)数量金额式明细账如何登账? 如何结账?

(6)多栏式明细账有哪几种? 各登记哪些会计科目?

(7)什么是特种明细账? 余额如何计算?

(附账页)

明细账

会计科目________ 明细科目________

年		凭证号	摘要	借方										贷方										借或贷	核对号	余额									
月	日			千	百	十	万	千	百	十	元	角	分	千	百	十	万	千	百	十	元	角	分			千	百	十	万	千	百	十	元	角	分

明细账

会计科目________ 明细科目________

年		凭证号	摘要	借方										贷方										借或贷	核对号	余额									
月	日			千	百	十	万	千	百	十	元	角	分	千	百	十	万	千	百	十	元	角	分			千	百	十	万	千	百	十	元	角	分

明细账

会计科目________ 明细科目________

年		凭证号	摘要	借方										贷方										借或贷	核对号	余额									
月	日			千	百	十	万	千	百	十	元	角	分	千	百	十	万	千	百	十	元	角	分			千	百	十	万	千	百	十	元	角	分

编号	
名称	
材质	
规格	

明细账

计划单价________ 计量单位________

年		凭证号	摘要	借方												贷方												余额											
月	日			数量	单价	金额										数量	单价	金额										数量	单价	金额									
						千	百	十	万	千	百	十	元	角	分			千	百	十	万	千	百	十	元	角	分			千	百	十	万	千	百	十	元	角	分

编号	
名称	
材质	
规格	

明细账

计划单价________ 计量单位________

年		凭证号	摘要	借方												贷方												余额											
月	日			数量	单价	金额										数量	单价	金额										数量	单价	金额									
						千	百	十	万	千	百	十	元	角	分			千	百	十	万	千	百	十	元	角	分			千	百	十	万	千	百	十	元	角	分

编号	
名称	
材质	
规格	

明 细 账

计划单价________　　计量单位________

年		凭证号	摘要	借方												贷方												余额											
				数量	单价	金额										数量	单价	金额										数量	单价	金额									
月	日					千	百	十	万	千	百	十	元	角	分			千	百	十	万	千	百	十	元	角	分			千	百	十	万	千	百	十	元	角	分

编号	
名称	
材质	
规格	

明 细 账

计划单价________　　计量单位________

年		凭证号	摘要	借方												贷方												余额											
				数量	单价	金额										数量	单价	金额										数量	单价	金额									
月	日					千	百	十	万	千	百	十	元	角	分			千	百	十	万	千	百	十	元	角	分			千	百	十	万	千	百	十	元	角	分

应交税费—应交增值税　明细账

年		凭证号	摘要	借方			贷方				借或贷	余额
月	日			合计	进项税额	已交税额	合计	销项税额	出口退税	进项税额转出		

制造费用明细账

年		凭证号	摘要	借方发生额										贷方	余额
月	日			合计											

管理费用明细账

年		凭证号	摘要	借方发生额										贷方	余额
月	日			合计											

生产成本明细账

细目________

年		凭证号	摘要	借方发生额				
月	日			直接材料	直接人工	制造费用	√	合计

生产成本明细账

细目________

年		凭证号	摘要	借方发生额				
月	日			直接材料	直接人工	制造费用	√	合计

实验八　错账的更正

一、实验目的

日常记账工作中会出现各种各样的差错，除了记账人员的业务水平高低因素外，大多数是由记账时的疏忽大意所引起的，有书写上的文字或数字的笔误、确认计量的错误、计算上的错误。通过实验，明确错账产生的不同原因，且能对发生的错账选择恰当的更正方法加以更正，增强学生在实际工作中发现错误、纠正错误的能力。

二、实验要求

根据本节实验资料，采用正确方法更正账簿中的错误。

三、实验步骤

(1)了解三种错账更正方法适用的情况(图 2.8.1)：

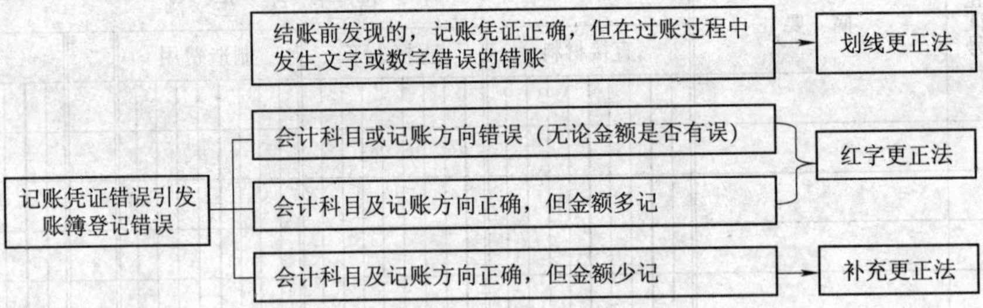

图 2.8.1　错账更正方法适用的情况

(2)对每笔经济业务的原始凭证与记账凭证，记账凭证与账簿记录进行核对，指出存在的错误。

(3)说明应采用的错账更正方法，并进行更正。具体更正步骤如下：

①划线更正法程序是：

a. 在错误的文字或金额(全部金额)上面划一条或两条红线注销。

b. 在红线的上方空白处，用黑墨水作正确的登记，并由记账人员在更正处盖章。

②红字更正法适用于两种错账情况的更正，其具体操作过程不同。

a. 记账后，发现原记账凭证中会计科目或记账方向错误时用红字更正法的程序是：先用红字填制一张与原错误记账凭证内容完全相同的记账凭证，其摘要栏中注明“注销×月×日×号凭证”，并据以用红字登记入账，冲销原有错误的账簿记录；然后，再用黑字填制一张正确的记账凭证，其摘要栏中注明“订正×月×日×号凭证”，据以用黑字登记入账。

b. 记账后，发现原记账凭证会计科目及记账方向正确，但金额多记时用红字更正法的程序是：将多记的金额用红字填制一张与原错误记账凭证所记载的借贷方向、应借应贷会计科目相同的记账凭证，其摘要栏中注明“冲销×月×日×号凭证多记金额”，并据以用红字登记入账，以冲销多记金额，求得正确金额。

③补充更正法操作程序为：将少记的金额用黑字填制一张与原错误记账凭证所记载的借贷方向、应借应贷会计科目相同的记账凭证，在摘要栏中注明“补充×月×日×号凭证少记金额”，并据以用蓝（或黑）字登记入账。

例：20××年7月25日，北国有限责任公司一车间为生产A产品从二号仓库领出乙材料40千克，单价150元。

此笔经济业务原始凭证及会计作的记账凭证、账簿的登记情况如下：

领　料　单（记账联）

发料仓库：二号仓库　　　　20　年7月25日　　　　第8052号

领料部门	一车间		用途	产品名称和编号		费用项目		其　他
	班（组）			A产品		生产成本		
类别：材料及主要材料			单位	数　量		实际成本		
编号	名称	规格		请领	实发	单价	金额	
802	乙材料		千克	40.00	40.00	150.00	6 000.00	

会计主管　张萍　　记账　田野　　仓库　田野　　负责　李林峰　　领料　江翠　　填制　江翠

第三联　财会部门

转账记账凭证

20　年7月25日　　　　凭证编号　07

摘要	总账科目	明细科目	借方金额										贷方金额										记账符号
			千	百	十	万	千	百	十	元	角	分	千	百	十	万	千	百	十	元	角	分	
一车间领料生产A产品	生产成本	A产品				6	0	0	0	0	0	0											√
	原材料	乙材料														6	0	0	0	0	0	0	√
附单据　壹　张	合　计				¥	6	0	0	0	0	0	0			¥	6	0	0	0	0	0	0	

会计主管 张萍　　记账 林俊　　稽核 章清　　制单 林俊

生产成本明细账

细目　A产品

20年 月	日	凭证号	摘　要	借方发生额 直接材料	直接人工	制造费用	√	合　计
7	20		承前页					35250000
7	25	转07	一车间领料生产A产品	6000000			√	6000000

编号	802
名称	乙材料
材质	
规格	

材 料 明 细 账

计划单价＿＿＿＿　　计量单位　千克

20 年		凭证号	摘要	借方												贷方												余额											
				数量	单价	金额										数量	单价	金额										数量	单价	金额									
月	日					千	百	十	万	千	百	十	元	角	分			千	百	十	万	千	百	十	元	角	分			千	百	十	万	千	百	十	元	角	分
7	18		承前页																													6	6	2	5	1	0	0	0
7	25	转 07	一车间领料生产 A 产品	40.00	150.00				6	0	0	0	0	0	0																								

经过核对发现，该笔业务产生错账的原因在于记账凭证中会计科目及记账方向正确但金额多记，因此用红字更正法更正错账。具体更正过程为：将多记的金额用红字填制一张与原错误记账凭证所记载的借贷方向、应借应贷会计科目相同的记账凭证，即：

转账记账凭证

20　年7月25日　　　　凭证编号 09

摘要	总账科目	明细科目	借方金额										贷方金额										记账符号
			千	百	十	万	千	百	十	元	角	分	千	百	十	万	千	百	十	元	角	分	
冲销转07号凭证多记数	生产成本	A产品				5	4	0	0	0	0	0											
	原材料	乙材料														5	4	0	0	0	0	0	
附单据　壹　张	合　计				¥	5	4	0	0	0	0	0			¥	5	4	0	0	0	0	0	

会计主管 张萍　　记账 林俊　　稽核 章清　　制单 林俊

注：凭证中的加框黑体数字表示红字，下同。

并据以用红字登记入账，以冲销多记金额，即：

生产成本明细账

细目 A产品

20年 月	日	凭证号	摘要	借方发生额：直接材料	直接人工	制造费用	√	合计
7	20		承前页					35250000
7	25	转07	一车间领料生产A产品	6000000			√	6000000
7	30	转09	冲销07号凭证多记数	5400000			√	5400000

编号	
名称	乙材料
材质	
规格	

材 料 明 细 账

计划单价 150.00　　　计量单位 千克

20 年 月	日	凭证号	摘要	借方 数量	借方 单价	借方 金额（千百十万千百十元角分）	贷方 数量	贷方 单价	贷方 金额（千百十万千百十元角分）	余额 数量	余额 单价	余额 金额（千百十万千百十元角分）
7	18		承前页									6625100
7	25	转 07	一车间领料生产 A 产品	40.00	150.00	600000						600000
7	30	转 9	冲销转 07 号凭证多记数			540000						540000

四、实验资料

北国有限责任公司 2015 年 7 月份有 4 笔经济业务发生错账，有关凭证及账簿登记的具体情况如下：

(1)7 月 11 日，财务科黄晓因开会需要出差上海，经科长张萍同意批准，预借差旅费 5 000 元现金。其原始凭证及记账凭证如下所示：

借　　款　　单（记账）

20　年 7 月 11 日　　　　　　　　第 35 号

借款部门	财务科	姓名	黄晓	事由	出差
借款金额（大写）	伍仟元整				¥ 5 000.00
部门负责人签署	张萍	借款人签章	黄晓	注意事项	一、凡借用公款必须使用本单 二、第三联为正式借据由借款人和单位负债人签章 三、出差返回后三日内结算
单位领导批示		审核意见			

第三联　报销后返回原借款人

凭证编号 12　　出纳编号 12

付款记账凭证

20　年 7 月 11 日

贷方科目	库存现金

摘要	结算方式	票号	借方科目 总账科目	明细科目	亿	千	百	十	万	千	百	十	元	角	分	记账符号
预借差旅费	现金		其他应收款	黄晓							5	0	0	0	0	
附单据 壹 张			合　　计							¥	5	0	0	0	0	

会计主管 张萍　　记账 林俊　　稽核 章清　　制单 林俊　　出纳 闻健　　领款人 黄晓

(2)7 月 15 日，收到沈阳市东风有限责任公司前欠货款 226 000 元，收到支票一张。其原始凭证及记账凭证如下：

本支票支付期限十天

中国工商银行 转账支票

03657820
00516259

出票日期(大写)贰零 年零捌月壹拾伍日　　付款行名称:工行东站分理处
收款人:丹阳市北国有限责任公司　　出票人账号:43242567

人民币(大写)	贰拾贰万陆仟元整	万	千	百	十	万	千	百	十	元	角	分
				¥	2	2	6	0	0	0	0	0

用途　偿还贷款　　密码

上列款项请从
我账户支付
出票人签章　　复核　　记账

ICBC 中国工商银行进账单(收账通知) 3

20 年7月15日　　№0392996

出票人			收款人		
	全称	沈阳市东风有限责任公司		全称	丹阳北国有限责任公司
	账号	2210102115367815645		账号	221010300527168
	开户银行	工行东站分理处		开户银行	工行沿海路分理处

金额	人民币(大写)	千	百	十	万	千	百	十	元	角	分
	贰拾贰万陆仟元整		¥	2	2	6	0	0	0	0	0

票据种类及张数	转账支票一张
票据号码	7820

复核　　记账　　收款单位开户行盖章　　月　　日

此联是收款人开户行交给收款人的收账通知

收款记账凭证

20 年7月15日

凭证编号 16　　出纳编号 16

借方科目　银行存款

摘要	结算方式	票号	贷方科目 总账科目	明细科目	亿	千	百	十	万	千	百	十	元	角	分	记账符号
收到前欠货款	转支	7820	应付账款	东风公司				2	2	6	0	0	0	0	0	√
附单据 贰 张			合计				¥	2	2	6	0	0	0	0	0	√

会计主管 张萍　记账 林俊　稽核 章清　制单 林俊　出纳 闻健　交款人

(3)7月20日,偿还上月欠沈阳中华有限责任公司的货款58 500元,采用信汇结算方式。

ICBC 中国工商银行信汇凭证(回单) 1

委托日期 20 年 7 月 20 日　　　　第　　号

汇款人	全　称	丹阳市北国有限责任公司	收款人	全　称	沈阳中华有限责任公司
	账　号	221010300527168		账　号	2210102024225218
	汇出地点	辽宁省 丹阳 市/县		汇入地点	辽宁省 沈阳 市/县
汇出行名称		工商行丹阳市沿海路分理处	汇入行名称		工行沈阳大南支行

金额	人民币(大写)	百	十	万	千	百	十	元	角	分
	伍万捌仟伍佰元整		¥	5	8	5	0	0	0	0

附加信息及用途:偿还贷款

汇出行签章　　　　复核　　　　记账

此联汇出行给汇款人回单

凭证编号 18　　出纳编号 18

付款记账凭证

20 年 7 月 20 日

贷方科目	银行存款

摘要	结算方式	票号	借方科目 总账科目	明细科目	亿	千	百	十	万	千	百	十	元	角	分	记账符号
偿还贷款	信汇		应付账款	中华公司					5	8	8	0	0	0	0	√
附单据 壹 张			合 计					¥	5	8	8	0	0	0	0	√

会计主管 张萍　记账 林俊　稽核 章清　制单 林俊　出纳 闻健　领款人 黄晓

(4)7 月 21 日,向中国工商银行申请取得三个月的生产周转借款 100 000 元。

ICBC 中国工商银行借款凭证(回单) 4

20 年 7 月 21 日　　　　第　　号

贷款单位	北国有限责任公司	放款账号	22101036984561	往来账号	221010300527168

贷款金额	人民币(大写)	千	百	十	万	千	百	十	元	角	分
	壹拾万元整		¥	1	0	0	0	0	0	0	0

用途	生产周转	单位提出期限	2015 年 7 月 21 日起至 2015 年 10 月 21 日止
利率	5.85%	银行和定期限	2015 年 7 月 21 日起至 2015 年 10 月 21 日止

兹向你行贷到上诉款项,到期时请凭此单据从本单位存款账户内收回。

丹阳市北国有限责任公司
贷款单位(章)(盖预留印鉴)　　负责人(章)

上列款项已按银行核定金额发放,并收入你单位银行存款账户。

中国工商丹阳市支行
银行签章 2015 年 7 月 21 日

还款记录	日期	还款金额	未还金额	记账员	复核员

经银行签章后代收账通知

凭证编号 19　　出纳编号 19

收款记账凭证

20　年 7 月 21 日

借方科目：银行存款

摘要	结算方式	票号	贷方科目		金额											记账符号
			总账科目	明细科目	亿	千	百	十	万	千	百	十	元	角	分	
借款			短期借款	生产周转				1	0	0	0	0	0	0	0	√
附单据 壹 张			合计				¥	1	0	0	0	0	0	0	0	√

会计主管 张萍　　记账 林俊　　稽核 章清　　制单 林俊　　出纳 闻健　　交款人 闻健

根据上述凭证登记账簿情况如下：

明细账

会计科目 其他应收款　　明细科目 黄 晓

20××年		凭证号	摘要	借方										贷方										借或贷	核对号	余额									
月	日			千	百	十	万	千	百	十	元	角	分	千	百	十	万	千	百	十	元	角	分			千	百	十	万	千	百	十	元	角	分
7	1		期初余额																					借									0		
7	11	付12	预借差旅费						5	0	0	0	0																						

现金日记账

20 年		凭证号	摘要	对方科目	借方										贷方										借或贷	余额									
月	日				千	百	十	万	千	百	十	元	角	分	千	百	十	万	千	百	十	元	角	分		千	百	十	万	千	百	十	元	角	分
7	1		期初余额																						借					1	7	0	0	0	0
7	11	付12	预借差旅费																	5	0	0	0	0											

银行存款日记账

20 年		凭证号	结算		摘要	对方科目	借方										贷方										借或贷	余额									
月	日		种类	号数			千	百	十	万	千	百	十	元	角	分	千	百	十	万	千	百	十	元	角	分		千	百	十	万	千	百	十	元	角	分
7	1				期初余额																						借			4	1	3	1	7	0	0	0
7	15	收 16	转支	7820	收到前欠货款				2	2	6	0	0	0	0	0																					
7	20	付 18	信汇		偿还货款															5	8	8	0	0	0	0											
7	21	收 19			借款					1	0	0	0	0	0	0																					

明 细 账

会计科目 应付账款　　明细科目 沈阳市东风有限责任公司

20 年		凭证号	摘要	借方										贷方										借或贷	核对号	余额									
月	日			千	百	十	万	千	百	十	元	角	分	千	百	十	万	千	百	十	元	角	分			千	百	十	万	千	百	十	元	角	分
7	1		期初余额																					贷				2	2	6	0	0	0	0	0
7	15	收 16	收到前欠货款													2	2	6	0	0	0	0	0												

明 细 账

会计科目 应付账款　　明细科目 沈阳中华有限责任公司

20 年		凭证号	摘要	借方										贷方										借或贷	核对号	余额									
月	日			千	百	十	万	千	百	十	元	角	分	千	百	十	万	千	百	十	元	角	分			千	百	十	万	千	百	十	元	角	分
7	1		期初余额																					贷									0		
7	20	付 18	偿还货款				5	8	8	0	0	0	0																						

明细账

会计科目 短期借款　　明细科目 生产周转借款

20 年		凭证号	摘要	借方										贷方										借或贷	核对号	余额									
月	日			千	百	十	万	千	百	十	元	角	分	千	百	十	万	千	百	十	元	角	分			千	百	十	万	千	百	十	元	角	分
7	1		期初余额																									1	4	0	0	0	0	0	0
7	21	收19	借款														1	0	0	0	0	0	0												

明细账

会计科目 应收账款　　明细科目 沈阳市东风有限责任公司

20 年		凭证号	摘要	借方										贷方										借或贷	核对号	余额									
月	日			千	百	十	万	千	百	十	元	角	分	千	百	十	万	千	百	十	元	角	分			千	百	十	万	千	百	十	元	角	分
7	1		期初余额																									2	2	6	0	0	0	0	0

五、实验思考

(1)错账的三种更正方法分别是什么?

(2)错账的三种更正方法分别适用什么情况?

(3)错账的三种更正步骤具体是什么?

(4)对每一项需更正的账务处理结果,其更正方法是否唯一?

(5)对于一张不正确的记账凭证来说,如果尚未入账,如何更正?

实验九 银行存款余额调节表的编制

一、实验目的

企业与银行对往来账项的入账时间不尽相同，双方账面记录可能会出现不一致的情况。为了加强银行存款的管理和监督，通过实验，了解银行对账单格式，掌握银行存款的核对及银行存款余额调节表的编制方法。

二、实验要求

将本节所给的丹阳市北国有限责任公司银行存款日记账和银行对账单进行核对，找出未达账项，并编制企业8月份的银行存款余额调节表。

未达账项，是指由于企业与银行之间对于同一项业务，由于取得凭证的时间不同，导致记账时间不一致，而发生的一方已取得结算凭证已登记入账，而另一方由于尚未取得结算凭证尚未入账的款项。

未达账项有以下四种情况：

(1)企业已收，银行未收款项。企业已收款，记入银行日记账，而银行尚未收款入账。

(2)企业已付，银行未付款项。企业已经付款记账，作为存款的减少，但银行尚未付款记账。

(3)银行已收，企业未收款项。银行代企业收进的款项，银行已记账，作为企业存款的增加，但企业尚未收到通知，所以尚未入账。

(4)银行已付，企业未付款项。银行代企业支付的款项，银行已付款记账，作为企业存款的减少，但企业尚未收到通知，所以尚未入账。

上述任何一种未达账项的发生，都会使企业银行存款日记账与开户银行对账单的记录出现不一致。因此，在核对双方账目时，必须注意有无未达账项，如果发现有未达账项，应编制"银行存款余额调节表"进行调节。

"银行存款余额调节表"的编制方法通常为补冲式，即：双方在原有账面余额的基础上，各自补记对方已入账而自己尚未入账的款项，看调整后的金额是否相等。计算公式如下：

$$\text{企业银行存款日记账余额}+\text{银行已收企业未收款项}-\text{银行已付企业未付款项}=\text{银行对账单余额}+\text{企业已收银行未收款项}-\text{企业已付银行未付款项}$$

三、实验步骤

(1)将银行存款日记账与银行存款对账单按结算凭证种类和号数一一进行核对，确定未达账项及其所属类型。

(2)将银行存款日记账和银行对账单的月末余额及未达账项填入银行存款余额调节表。

(3)计算调节后的银行存款余额(其表示企业当时实际可以动用的银行存款数额)。

(4)核对调节后的银行存款日记账余额与银行对账单余额是否相等，如相等则银行存款余额调节表编制完成。

四、实验资料

丹阳市北国有限责任公司20××年8月份银行存款日记账和银行对账单分别如下表所示。

银行存款日记账

20 年		凭证号	结算方式		摘要	对方科目	借方										贷方										借或贷	余额									
月	日		种类	号数			千	百	十	万	千	百	十	元	角	分	千	百	十	万	千	百	十	元	角	分		千	百	十	万	千	百	十	元	角	分
8	1				期初余额																						借			4	0	3	2	2	0	0	0
	2	略	现支	8733	提取备用金																5	0	0	0	0	0	借			3	9	8	2	2	0	0	0
	3		转支	8501	支付广告费															1	0	0	0	0	0	0	借			3	8	8	2	2	0	0	0
	6		转支	5464	销售A产品				1	4	0	4	0	0	0	0											借			5	2	8	6	2	0	0	0
	8		转支	3245	预收货款					2	0	0	0	0	0	0											借			5	4	8	6	2	0	0	0
	12		转支	8502	购买办公用品																3	0	0	0	0	0	借			5	4	5	6	2	0	0	0
	13		转支	8503	慈善捐赠															4	0	0	0	0	0	0	借			5	0	5	6	2	0	0	0
	15		转支	8504	代发银行工资														1	0	5	0	0	0	0	0	借			4	0	0	6	2	0	0	0
	18		转支	8505	支付杂志费																	5	0	0	0	0	借			4	0	0	1	2	0	0	0
	21		电汇	1525	收到前欠货款					1	1	7	0	0	0	0											借			4	1	1	8	2	0	0	0
	27		转支	4730	设备出租收入					6	7	2	8	0	0	0											借			4	7	9	1	0	0	0	0
	28		转支	8506	支付违章罚款																2	7	5	0	0	0	借			4	7	6	3	5	0	0	0
	30		结息	2335	银行利息收入							3	7	5	0	0											借			4	7	6	7	2	5	0	0
	30		转支	8507	支付邮电费																	6	7	5	0	0	借			4	7	6	0	5	0	0	0
	31				本月合计				2	3	9	7	5	5	0	0			1	6	6	9	2	5	0	0	借			4	7	6	0	5	0	0	0

中国工商银行客户存款对账单

币种：人民币(本位币)　单位：元　20　年

账号：221010300527168　户名：丹阳市北国有限责任公司

月	日	单据号	摘　要	借方发生额	贷方发生额	余　额
8	1					403 220.00
8	2	现支 8733	提现	5 000.00		398 220.00
8	3	转支 8501	支付广告费	10 000.00		388 220.00
8	6	转支 5464	销售 A 产品		140 400.00	528 620.00
8	8	转支 3245	预收货款		20 000.00	548 620.00
8	13	转支 8502	购买办公用品	3 000.00		545 620.00
8	14	转支 8503	向慈善机构捐赠	40 000.00		505 620.00
8	15	转支 8504	银行代发工资	105 000.00		400 620.00
8	18	转支 8505	支付杂志费	500.00		400 120.00
8	21	结息 2335	银行利息收入		375.00	400 495.00
8	24	电汇 1525	收到前欠货款		11 700.00	412 195.00
8	25	电汇 1876	销售多余材料		1 200.00	413 395.00
8	27	电汇 1978	销售 B 产品		5 850.00	419 245.00
8	30	委托收款 0256	支付水电费	6 000.00		413 245.00

根据上述资料编制银行存款余额调节表。

银行存款余额调节表

年 月 日 单位:元

项 目	金 额	项 目	金 额
企业银行存款日记账余额		银行对账单余额	
加:		加:	
减:		减:	
调节后的存款余额		调节后的存款余额	

五、实验思考

(1)如何进行银行存款的清查?

(2)什么是未达账项?

(3)怎样确定未达账项?

(4)未达账项有哪四种类型?

(5)如何编制银行存款余额调节表?

实验十　编制科目汇总表

一、实验目的

科目汇总表又称记账凭证汇总表，也是一种记账凭证，根据会计凭证，按照相同账户归类，定期用 T 型账户汇总计算每一账户的借方发生额和贷方发生额，并将发生额填入科目汇总表的相应栏目内，是登记总分类账的直接依据。通过设置编制记账凭证汇总表的实验，可以实现以下目的：

(1)熟练掌握“T”字账的编制方法。

(2)掌握科目汇总表的填制，熟练计算发生额的试算平衡。

(3)通过汇总记账凭证能够反映账户的对应关系，了解经济业务的具体内容。

二、实验要求

1. 正确编制科目汇总表

科目汇总表的编制是科目汇总表核算程序的一项重要工作，它是根据一定时期内编制完成的收款记账凭证、付款记账凭证、转账记账凭证，通过编制“T”字账、汇总编制记账凭证汇总表(即科目汇总表)的编制方法，按科目作为归类标志进行编制的。首先，将发生额按相同会计科目进行汇总，再将会计科目分别加总借方发生额和贷方发生额，并将其填列在相应会计科目行的“借方金额”和“贷方金额”栏。最后，将汇总完毕的所有会计科目的借方发生额和贷方发生额汇总，进行发生额的试算平衡。科目汇总表编制的时间，应根据经济业务量的多少而定，本次实验规定在 15 日和 30 日分别进行两次科目汇总。

2. 正确检查科目汇总表

在借贷记账法下，检查科目汇总表的内容包括：检查每次会计分录的借贷金额是否平衡；检查总分类账户的借贷发生额是否平衡；检查总分类账户的借贷余额是否平衡。注意，如果一张或几张记账凭证的借贷方被同时重复登记或遗漏登记是不影响记账凭证借贷金额平衡的。所以，科目汇总表虽然可以简化总分类账的登记手续，又能起到全部账户发生额的试算平衡作用，使汇总的工作比较简单，但它最大的缺点是无法反映账户的对应关系。

三、实验步骤

(1)根据审核无误的收款记账凭证、付款记账凭证、转账记账凭证登记“T”字账。

“T”字账是账户的基本结构的简化形式，如右图所示：

借方　　　　账户名称	贷方
期初余额	期初余额
本期发生额	本期发生额
期末余额	期末余额

(2)编制科目汇总表。科目汇总表是根据记账凭证汇总编制，列示有关各总分类账户的本期发生额，据以登记总分类账的一种记账凭证汇总表。

①将汇总期内各项经济业务所涉及的会计科目按顺序(会计科目表的顺序)填写在汇总表的“会计科目”栏内。

②根据“T”型账户中汇总的发生额，按会计科目分别填入各相应的会计科目的“借方”和“贷方”栏。

③进行发生额的试算平衡。

四、实验资料

(1)实验二、实验四填制的审核无误的记账凭证。

(2)见附表(两张)。

(3)"T"字账学生另用白纸作。

(附表)

科　目　汇　总　表

年　月　日　　　　编号________

会计科目	金额																						总账页次
	借方											贷方											
	亿	千	百	十	万	千	百	十	元	角	分	亿	千	百	十	万	千	百	十	元	角	分	
附记账凭证　年　月　日至　年　月　日　张																							

会计主管人员　　记账　　稽核　　制单

科 目 汇 总 表

年　　月　　日　　　　　　　　　　编号＿＿＿＿

会计科目	金额																						总账页次
	借方											贷方											
	亿	千	百	十	万	千	百	十	元	角	分	亿	千	百	十	万	千	百	十	元	角	分	
附记账凭证　年　月　日至　年　月　日　张																							

会计主管人员　　　　记账　　　　稽核　　　　制单

五、实验思考

(1)借贷记账法的记账规则是什么?

(2)编制科目汇总表应注意的问题有哪些?

(3)记账凭证汇总表编制的步骤有哪些?

(4)科目汇总表在试算平衡时的优、缺点都有什么?

(5)"T"字账的编制依据是什么?

(6)科目汇总表与总分类账户的关系是怎样的?

实验十一　总分类账的登记

一、实验目的

总分类账也称“总账”，是按照总分类账户分类登记全部经济业务的账簿。任何单位都应该设置总分类账，因为总分类账能全面总括地反映企业的经济活动情况，并为编制会计报表提供依据。通过设置登记总分类账实验可以实现以下目的：

(1)学会建立各种总分类账，熟悉各种总分类账的格式及应用范围。

(2)熟练根据科目汇总表登记总账，掌握各种总账的建立方法、登记方法以及总账的结账和对账方法。

(3)掌握企业总账会计岗位的工作内容与凭证的流转程序，胜任总账岗位的核算工作。

二、实验要求

总分类账一般采用订本式账簿形式。启用账簿、数字书写规则、月末(年末)结账等订本账的方式方法与明细账一样，不再重复叙述。在总分类账中，应该按会计科目的编码顺序分别开设账户。总分类账按一级会计科目设置，只能用货币作为计量单位。总分类账最常见的格式为三栏式，即分为借方金额栏、贷方金额栏、余额栏。账户第一行摘要栏注明“上年结转”字样，把余额写在余额栏并注明余额方向，然后按月登账，月末汇总借方发生额合计、贷方发生额合计，并计算本月余额。

期末借(贷)方余额＝期初借(贷)方余额＋本期借(贷)方发生额合计－本期贷(借)方发生额合计

三、实验步骤

(1)填写日期栏。填写科目汇总表的日期。

(2)填写凭证号栏。依据科目汇总表，填写“汇”字及其编号。

(3)填写摘要栏。依据科目汇总表，填写“某日至某日汇总”字样。

(4)填写借、贷方金额栏，并与对应的科目汇总表核对，同时填写核对号。

(5)计算借、贷方发生额的合计并算出余额，填写借或贷栏，登记余额的方向。

四、实验资料

(1)实验十的6月1日～15日科目汇总表。

(2)实验十的6月16日～30日科目汇总表。

(3)5月科目余额表。

5月科目余额表

账户名称	年初余额		5月末余额	
	借　方	贷　方	借　方	贷　方
一、资产类				
库存现金			6 000.00	
银行存款			493 790.00	
应收账款			1 289 000.00	
其他应收款			2 000.00	
在途物资				
原材料			930 000.00	
库存商品			958 900.00	
固定资产			2 150 000.00	
累计折旧				481 600.00
固定资产清理				
在建工程			110 000.00	
无形资产			200 000.00	
二、负债类				
短期借款				240 000.00
应付账款				230 000.00
预收账款				
其他应付款				28 800.00
应付职工薪酬				53 790.00
应付股利				
应交税费				168 300.00
应付利息				10 000.00
三、所有者权益				
实收资本				2 000 000.00
资本公积				318 000.00
盈余公积				224 200.00
本年利润				2 250 000.00
利润分配				135 000.00
合　　计			6 139 690.00	6 139 690.00

(4)部分总分类账。(见附表)

五、实验思考

(1)总分类账的登记依据有哪些?

(2)登记总分类账要注意什么问题?

(3)总分类账如何结算期末余额?

(4)怎样核对总分类账?

(5)总分类账户和明细分类账户有何联系?

(附总账)

总　账

会计科目________

年		凭证号	摘要	借方										贷方										借或贷	核对号	余额									
月	日			千	百	十	万	千	百	十	元	角	分	千	百	十	万	千	百	十	元	角	分			千	百	十	万	千	百	十	元	角	分

总　账

会计科目________

年		凭证号	摘要	借方										贷方										借或贷	核对号	余额									
月	日			千	百	十	万	千	百	十	元	角	分	千	百	十	万	千	百	十	元	角	分			千	百	十	万	千	百	十	元	角	分

总账

会计科目＿＿＿＿＿＿

年		凭证号	摘要	借方										贷方										借或贷	核对号	余额									
月	日			千	百	十	万	千	百	十	元	角	分	千	百	十	万	千	百	十	元	角	分			千	百	十	万	千	百	十	元	角	分

总账

会计科目＿＿＿＿＿＿

年		凭证号	摘要	借方										贷方										借或贷	核对号	余额									
月	日			千	百	十	万	千	百	十	元	角	分	千	百	十	万	千	百	十	元	角	分			千	百	十	万	千	百	十	元	角	分

总　账

会计科目＿＿＿＿＿＿

年		凭证号	摘要	借方										贷方										借或贷	核对号	余额									
月	日			千	百	十	万	千	百	十	元	角	分	千	百	十	万	千	百	十	元	角	分			千	百	十	万	千	百	十	元	角	分

总　账

会计科目＿＿＿＿＿＿

年		凭证号	摘要	借方										贷方										借或贷	核对号	余额									
月	日			千	百	十	万	千	百	十	元	角	分	千	百	十	万	千	百	十	元	角	分			千	百	十	万	千	百	十	元	角	分

实验十二 会计报表的编制

一、实验目的

资产负债表是反映企业在某一特定日期财务状况的报表。利润表是反映企业某一期间财务成果的报表。企业应按规定每月编制资产负债表、利润表。通过实验，实现以下目的：

(1)掌握对外报送的主要会计报表：资产负债表及利润表的编制要求、结构、编制方法。

(2)掌握表内项目的勾稽关系，以及资产负债表与利润表有关项目之间的勾稽关系。

(3)会计报表提供的会计信息要全面，对于一些重要的信息，应以适当形式披露。

二、实验要求

(一)会编制期末余额试算平衡表

(1)填列账户名称时，为防止遗漏或重复，须按一定顺序排列。

(2)将各栏内的金额分别加总，并将合计数填入表内最末一行的各相应栏内。

(3)期末余额试算平衡公式如下：

全部账户的期末借方余额合计数＝全部账户的期末贷方余额合计数

(二)按会计报表中项目的填写规定逐项填写

1. 资产负债表的填制要求

一张完整的资产负债表的结构由三部分组成：一是表首；二是正表；三是附注及附列资料。

表首，亦称表头，它有五方面内容：一是编制单位名称，说明责任“法人”是谁，填写时应按某某公司(单位)填写齐全；二是报表名称，说明报表的性质和主题；三是编报日期，说明该表反映内容的时效性，要注意是某一日期，而不是时期；四是报表编号；五是货币计量单位“人民币：元”。

正表，即该表的主体部分或称基本部分，它是该表的核心内容所在。主体部分的格式我国采用账户式，即分为左右两方来排列全部反映项目。其中左方列示资产项目，并按资产流动性或变现能力强弱依次有序排列。右方列示负债和所有者权益项目，先列示负债，并按到期日期有序排列，后列示所有者权益，并按永久性程序排列。左方合计金额与右方合计金额保持平衡。这种结构直观清晰，便于对比分析，充分体现了“资产＝负债＋所有者权益”这一建表依据的基本要求。附注及附列资料主要是补充说明有关表内项目内容。

由于资产负债表是反映企业某一时期期末，即特定日期的财务状况，提供某一时点的静态指标，而这种静态资料又表现为账簿中各个账户一定时期的期末余额。因此，编制资产负债表的数字来源渠道是该报告期账簿中各个账户的期末余额。

一般来说，资产负债表大部分项目，可根据试算表中总账账户或明细账账户的期末余额直接填列，但也有些项目要根据总账账户或明细账账户余额分析填列。资产负债表的具体编制方法可分述如下：

(1)本表“年初数”栏的填列，应根据上年末资产负债表“期末数”栏内所列数字填列。

(2)本表各项目“期末数”的填列可分为下面几种情况：

①根据总分类账户的期末余额直接填列的项目。主要有:“应收票据”“预付账款”“应收股利”“应收利息”“长期股权投资”“工程物资”“在建工程”“固定资产清理”“长期待摊费用”“短期借款”“应付票据”“应付账款”“预收账款”“应付职工薪酬”“应付股利”“应交税费”“其他应付款”“预计负债”“长期借款”“应付债券”“其他长期负债”“递延税款(借贷项)”“实收资本”“资本公积”“盈余公积”等账户。

②根据账户之间的联系,把有关账户总账的余额加计或扣减后填列。这类项目与总账账户名称不一致,但包含的内容涉及几个总分类账户,需要对几个账户的余额进行整理后加计或扣减后填列。主要有:

- “货币资金”:反映企业各种货币资金的合计数,根据“库存现金”“银行存款”和“其他货币资金”科目的期末余额填列。
- “应收账款”:反映企业因销售商品、产品和提供劳务等而向购买单位收取的各种款项,减去已计提的坏账准备后的净额。根据“应收账款”科目所属各明细科目的期末借方余额合计,减去“坏账准备”期末贷方余额后的金额填列。如果“预收账款”科目所属明细科目有借方余额的,在本项目内填列;如果“应收账款”所属明细科目期末有贷方余额,在“预收账款”项目内填列。
- “其他应收款”:反映企业对其他单位和个人的应收和暂付的款项,根据该科目期末余额填列。如果计提了坏账准备,该项目则反映“其他应收款”期末余额减去“坏账准备”后的净额。
- “存货”:反映企业期末各项存货的可变现净值,根据“在途物资”“原材料”“周转材料”“自制半成品”“库存商品”“发出商品”“委托加工物资”“委托代销商品”“受托代销商品”“生产成本”等科目的期末余额合计,减去“存货跌价准备”“受托代销商品款”等科目的期末余额后的金额填列。材料采用计划成本核算,以及库存商品采用计划成本或售价核算的企业,应加减材料成本差异和商品进销差价。代销商品在售出以前,是受托方代委托方销售的商品,所有权属于委托方,应作为委托方的存货处理。但为了使受托方加强对代销商品的核算和管理,会计准则要求受托方对其受托代销的商品在“存货”项目中有所反映。
- “固定资产”:应根据“固定资产”和“累计折旧”“固定资产减值准备”账户余额之差填列。
- “无形资产”:反映企业期末各项无形资产的可收回金额,根据“无形资产”减去“无形资产减值准备”后的金额填列。
- “未分配利润”:反映企业尚未分配的利润,根据“本年利润”和“利润分配”科目的余额计算填列,未弥补的亏损,以“-”号填列。

2. **利润表的填制要求**

一张完整的利润表其结构由两部分组成:一是表首;二是正表。

表首,也称表头,与资产负债表一样,同样是由编制单位、表名、编制时间、报表编号和货币计量单位五部分组成。其中,编制时间同样很重要,系指一定会计期间,是时期概念而不是时点概念,这一点与资产负债表不同。它充分反映了该表反映内容的动态特征。

正表,即主体部分或称基本部分,它是该表的核心内容所在。主体部分的格式我国采用多步式,即按利润总额的构成因素和形成过程,逐步计算其余额。这种结构步骤分明,便于具体分析,充分体现了“收入－费用＝利润”这一建表依据的基本要求。

利润表中反映的数据,分为“本期金额”和“上期金额”两栏。“本期金额”填列本年1月1日至本期期末的各对应项目累计数。“上期金额”填列企业上年1月1日至上年同期期末各对应项目的累计数。

一般来说，利润表中“本期金额”栏各项目的数字，应根据有关损益类账户的本期发生额分析填列。

(1)“营业税金及附加”“销售费用”“管理费用”“财务费用”“投资收益”“营业外收入”“公允价值变动收益”“营业外支出”和“所得税费用”等项目，应分别根据总分类账户的发生额分析填列。

(2)“营业收入”“营业成本”“营业利润”“利润总额”和“净利润”等项目应根据计算公式计算填列。

第一步，以营业收入为基础，计算营业利润。

营业利润＝营业收入－营业成本－营业税金及附加－销售费用－管理费用－财务费用－资产减值损失＋公允价值变动收益(－公允价值变动损失)＋投资收益(－投资损失)

营业收入＝主营业务收入＋其他业务收入

营业成本＝主营业务成本＋其他业务成本

第二步，以营业利润为基础，计算利润总额。

利润总额＝营业利润＋营业外收入－营业外支出

第三步，以利润总额为基础，计算净利润。

净利润＝利润总额－所得税费用

三、实验步骤

(1)编制试算平衡表。

(2)编制资产负债表。

(3)编制利润表。

四、实验资料

(1)实验十一中的总账账户期初余额记录。

(2)实验十中的科目汇总表记录。

(3)试算平衡表。

发生额及余额试算平衡表

账户名称	期初余额		本期发生额		期末余额	
	借　方	贷　方	借　方	贷　方	借　方	贷　方
合　计						

资产负债表

会企 01 表

编制单位：　　　　　年　　月　　日　　　　　单位：元

资　产	期初余额	期末余额	负债及所有者权益（或股东权益）	期初余额	期末余额
流动资产：			流动负债：		
货币资金			短期借款		
交易性金融资产			交易性金融负债		
应收票据			应付票据		
应收账款			应付账款		
预付账款			预收账款		
应收利息			应付职工薪酬		
应收股利			应交税费		
其他应收款			应付利息		
存货			应付股利		
一年内到期的非流动资产			其他应付款		
其他流动资产			一年内到期的非流动负债		
流动资产合计			其他流动负债		
非流动资产：			流动负债合计		
可供出售金融资产			非流动负债：		
持有至到期投资			长期借款		
长期应收款			应付债券		
长期股权投资			长期应付款		
投资性房地产			专项应付款		
固定资产			预计负债		
在建工程			递延所得税负债		
工程物资			其他非流动负债		
固定资产清理			非流动负债合计		
生产性生物资产			负债合计		
油气资产			所有者权益（或股东权益）		
无形资产			实收资本（或股本）		
开发支出			资本公积		
商誉			减：库存股		
长期待摊费用			盈余公积		
递延所得税资产			未分配利润		
其他非流动资产			所有者权益（或股东权益）合计		
非流动资产合计					
资产总计			负债或所有者权益（或股东权益）总　　计		

企业负责人：　　主管会计：　　制表：　　报出日期：　　年　　月　　日

利　润　表

会企 02 表

编制单位：　　　　　　　　　　年　　月　　日　　　　　　　　单位：元

项　　目	本期金额	上期金额
一、营业收入		
减：营业成本		
营业税金及附加		
销售费用		
管理费用		
财务费用		
资产减值损失		
加：公允价值变动收益（损失以"－"号填列）		
投资收益（损失以"－"号填列）		
其中：对联营企业和合营企业的投资收益		
二、营业利润（损失以"－"号填列）		
加：营业外收入		
减：营业外支出		
其中：非流动资产处置损失		
三、利润总额		
减：所得税费用		
四、净利润（损失以"－"号填列）		
五、每股收益：		
（一）基本每股收益		
（二）稀释每股收益		

企业负责人：　　　　　　主管会计：　　　　　　制表：　　　　　　报出日期：　　年　　月　　日

五、实验思考

(1)试算平衡表的编制原理是什么？

(2)资产负债表中各项目的顺序是如何排列的？

(3)资产负债表中各项目"期末数"是如何填列的？

(4)利润表的作用是什么？

(5)利润表"本期金额"栏各项目的数字是如何计算的？

实验用表

实验一　会计书写规范训练

1. 阿拉伯数字书写规范

在练习纸中规范书写阿拉伯数字。

2. 汉字数字规范书写

在练习纸中规范书写汉字大写数字。

零	壹	贰	叁	肆	伍	陆	柒	捌	玖	拾	佰	仟	万	亿	整

零															
壹															
贰															
叁															
肆															
伍															
陆															
柒															
捌															
玖															
拾															
佰															
仟															
万															
亿															
整															
元															
角															
分															

3. 金额数字规范书写

在以下练习纸中规范地书写大、小写金额数字。

(1)小写:￥6 347.00

大写:

(2)大写:人民币伍佰贰拾元零柒角叁分

小写:

(3)小写:￥8 097 324.05

大写:

(4)小写:￥162 902 312.80

大写:

(5)大写:人民币肆仟陆佰伍拾捌元整

小写:

(6)小写:￥409 812.60

大写:

(7)大写:人民币壹拾玖万零柒佰陆拾贰元整

小写:

(8)小写:29 492 304.75

大写:

(9)大写:人民币玖万零叁拾元柒角陆分

小写:

(10)小写:人民币叁拾贰万柒仟肆佰陆拾贰元伍角整

大写:

将以上10小题规范地填写在以下账表格中。

会计凭证、账表上的小写金额									原始凭证上的大写金额栏
没有数位分割线	有数位分割线								
	百	十	万	千	十	元	角	分	
									人民币： 佰 拾 万 仟 佰 拾 元
									人民币：
									人民币：
									人民币：
									人民币：
									人民币：
									人民币：
									人民币：
									人民币：
									人民币：
									人民币：

4."年月日"规范书写

练习并规范地写出下列“年月日”大写书写。

(1)年月日小写:2009-01-08

年月日大写:

(2)年月日小写:2009-06-15

年月日大写:

(3)年月日小写:2009-11-27

年月日大写:

(4)年月日小写:2010-03-12

年月日大写:

(5)年月日小写:2010-10-01

年月日大写:

(6)年月日小写:2010-08-26

年月日大写:

(7)年月日小写:2011-07-10

年月日大写:

(8)年月日小写:2011-09-24

年月日大写:

(9)年月日小写:2011-05-31

年月日大写:

(10)年月日小写:2012-02-29

年月日大写:

(11)年月日小写:2012-12-13

年月日大写:

(12)年月日小写:2012-04-30

年月日大写:

实验二　原始凭证的填制

中国工商银行
现金支票存根
10241630
00516259

附加信息

出票日期　　年　月　日

收款人：	
金　额：	
用　途：	

单位主管　　　会计

本支票付期限十大

中国工商银行　现金支票　　10241630 00516259

出票日期（大写）　　年　　月　　日　付款行名称：
收款人：　　　　　　　　　　　　出票人账号：

人民币（大写）		万	千	百	十	万	千	百	十	元	角	分

用途______　　密码______
上列款项请从
我账户支付
出票人签章　　　　复核　　　　记账

ICBC 中国工商银行进账单（收账通知）　3

年　　月　　日　　　　№　0392883

出票人	全　称		收款人	全　称								
	账　号			账　号								
	开户银行			开户银行								
金额	人民币（大写）		千	百	十	万	千	百	十	元	角	分
票据种类及张数			收款单位开户行盖章　月　日									
票据号码												
复核	记账											

此联是收款人开户行交给收款人的收账通知

借　　款　　单（记账）

年　　月　　日　　　　　　第　　号

借款部门		姓名		事由	
借款金额（大写）				￥______	
部门负责人签署		借款人签章		注意事项	一、凡借用公款必须使用本单 二、第三联为正式借据由借款人和单位负债人签章 三、出差返回后三日内结算
单位领导批示		审核意见			

第三联　报销后返回原借款人

收 料 单

供货单位：　　　　　　　　　　　　年　　月　　日　　　　　　　　　　第　　号

材料类别：　　　　　　　　　　　　　　　　　　　　　　　　　　　　　收料仓库：

材料编号	材料名称		规格	单位	数 量		实 际 成 本			
	发票编号	入账名称			应收	实收	原价		运杂费	合计
							单价	金额		

会计主管　　　　记账　　　　仓库　　　　负责　　　　收料　　　　填制

第二联　财会部门

中国工商银行 转账支票存根 21036735 00516259	本支票支付期限十天	中国工商银行　转账支票　21036735 00516259
附加信息		出票日期(大写)　　年　　月　　日　付款行名称： 收款人：　　　　　　　　　　　　出票人账号：
出票日期　　年　月　日		人民币（大写） | 万 | 千 | 百 | 十 | 万 | 千 | 百 | 十 | 元 | 角 | 分
收款人：		用途＿＿＿＿＿＿　　密码＿＿＿＿＿＿
金　额：		上列款项请从
用　途：		我账户支付
单位主管　　　会计		出票人签章　　　　复核　　　　记账

辽宁省增值税专用发票

2100103620　　　　　　　　辽　宁　　　　　　　　№02425011

此联不作报销、扣税凭证使用

开票日期：

购货单位	名　　称： 纳税人识别号： 地 址 电 话： 开户行及账号：					密码区	略	
货物或应税劳务名称	规格型号	单位	数量	单价		金额	税率	税额
合　计								
价税合计(大写)						（小写）		
销货单位	名　　称： 纳税人识别号： 地 址 电 话： 开户行及账号：					备注		

收款人：　　　　　复核：　　　　　开票人：　　　　　销货单位：(章)

第三联　记账联销货方记账凭证

领　料　单

发料仓库：＿＿＿＿＿＿　　　年　月　日　　　第 8031 号

领料部门	车间		用途	产品名称和编号		费用项目	其　他
	班(组)						
类别：			单位	数　量		实际成本	
编　号	名　称	规　格		请　领	实　发	单　价	金　额

第三联　财会部门

会计主管　　记账　　仓库　　负责　　领料　　填制

中国工商银行
转账支票存根
21036736
00516259

附加信息＿＿＿＿＿＿

出票日期　年　月　日

收款人：	
金　额：	
用　途：	

单位主管　　会计

中国工商银行　转账支票

21036736
00516259

本支票支付期限十天

出票日期(大写)　年　月　日　付款行名称：
收款人：　出票人账号：

人民币(大写)	万	千	百	十	万	千	百	十	元	角	分

用途＿＿＿＿＿＿　密码＿＿＿＿＿＿

上列款项请从
我账户支付
出票人签章　　复核　　记账

ICBC 中国工商银行托收凭证(受理回单)　1

委托日期　年　月　日　　托收号码：**0212**

业务类型	委托收款(□邮划、□电划)　托委承付(□邮划、□电划)						
付款人 全　称				收款人 全　称			
付款人 账　号				收款人 账　号			
付款人 地　址	省　市县	开户行		收款人 地　址	省　市县	开户行	
金额 人民币(大写)				亿 千 百 十 万 千 百 十 元 角 分			
款项内容		托收凭据名称		附寄单证张　数			
货物发运情况		合同号码					
备注： 复核：　记账：		款项收妥日期 年　月　日		收款人开户银行签章 年　月　日			

此联收款人开户行给收款人的受理回单

差旅费报销单

单位：　　　　　　　　　　　　　　　　　　　　　　　　年　　月　　日填

月	日	时	出发地	月	日	时	到达地	车船费客票	伙食补助			市内交通费	住宿费	其他	合计
									人数	天数	金额				
合　计															

出差事由		报销金额（大写）	万　仟　佰　拾　元　角　分		预借金额	
		单位领导	单位主管	报销人	报销金额	
					结余或超支	

会计主管　　　　　　记账　　　　　　审核　　　　　　附单据　　拾　　张

中华人民共和国
税收通用缴款书

地

隶属关系　　　　　　　　　　　　　　　　　　　　　　地缴字 00172233 号

注册类型　　　　　填发日期　　年　　月　　日　　　　征收机关：市地税

缴款单位	代　码		预算科目	编　号	
	全　称			名　称	
	开户银行			级　次	
	账　号		收缴国库		
税款所属时期：			税款限缴日期：		

品目名称	课税数量	计税金额或销售收入	税率或单位税额	已缴或扣除额	实缴金额
金额合计	（大写）				¥

缴款单位（人）（盖章）经办人（章）	税务机关（盖章）填票人（章）	上列款项已收妥并划转收款单位账户 国库（银行）盖章	备注

第一联：（收据）国库收款盖章后退缴款单位

中国建设银行

电子转账凭证

年 月 日 凭证编号

<table>
<tr><td rowspan="3">汇款人</td><td>全 称</td><td></td><td rowspan="3">收款人</td><td>全 称</td><td colspan="10"></td></tr>
<tr><td>账 号</td><td></td><td>账 号</td><td colspan="10"></td></tr>
<tr><td>汇出地点</td><td>省 市/县</td><td>汇入地点</td><td colspan="10">省 市/县</td></tr>
<tr><td colspan="2">汇出行名称</td><td></td><td colspan="2">汇入行名称</td><td colspan="10"></td></tr>
<tr><td rowspan="2">人民币（大写）</td><td colspan="4" rowspan="2"></td><td>千</td><td>百</td><td>十</td><td>万</td><td>千</td><td>百</td><td>十</td><td>元</td><td>角</td><td>分</td></tr>
<tr><td></td><td></td><td></td><td></td><td></td><td></td><td></td><td></td><td></td><td></td></tr>
<tr><td colspan="3" rowspan="2">附加信息及用途：</td><td colspan="2">支付密码</td><td colspan="10"></td></tr>
<tr><td colspan="12"></td></tr>
</table>

第四联 收款人回单

ICBC 中国工商银行信汇凭证（回单） 1

委托日期 年 月 日 第 号

<table>
<tr><td rowspan="3">汇款人</td><td>全 称</td><td colspan="2"></td><td rowspan="3">收款人</td><td>全 称</td><td colspan="9"></td></tr>
<tr><td>账 号</td><td colspan="2"></td><td>账 号</td><td colspan="9"></td></tr>
<tr><td>汇出地点</td><td colspan="2">省 市
县</td><td>汇入地点</td><td colspan="9">省 市
县</td></tr>
<tr><td colspan="2">汇出行名称</td><td colspan="2"></td><td colspan="2">汇入行名称</td><td colspan="9"></td></tr>
<tr><td rowspan="2">金额</td><td colspan="3" rowspan="2">人民币
（大写）</td><td></td><td>百</td><td>十</td><td>万</td><td>千</td><td>百</td><td>十</td><td>元</td><td>角</td><td>分</td></tr>
<tr><td></td><td></td><td></td><td></td><td></td><td></td><td></td><td></td><td></td><td></td></tr>
<tr><td colspan="4">汇出行签章</td><td colspan="11">附加信息及用途：

复核 记账</td></tr>
</table>

此联汇出行给汇款人回单

ICBC 中国工商银行电汇凭证（回单） 1

□普通 □加急 委托日期 年 月 日 流水号 01011

<table>
<tr><td rowspan="3">汇款人</td><td>全 称</td><td></td><td rowspan="3">收款人</td><td>全 称</td><td colspan="10"></td></tr>
<tr><td>账 号</td><td></td><td>账 号</td><td colspan="10"></td></tr>
<tr><td>汇出地点</td><td>省 市／县</td><td>汇入地点</td><td colspan="10">省 市／县</td></tr>
<tr><td colspan="2">汇出行名称</td><td></td><td colspan="2">汇入行名称</td><td colspan="10"></td></tr>
<tr><td rowspan="2">金额</td><td colspan="3" rowspan="2">人民币：
（大写）</td><td>千</td><td>百</td><td>十</td><td>万</td><td>千</td><td>百</td><td>十</td><td>元</td><td>角</td><td>分</td></tr>
<tr><td></td><td></td><td></td><td></td><td></td><td></td><td></td><td></td><td></td><td></td></tr>
<tr><td colspan="4" rowspan="2">汇出行签章</td><td colspan="11">支付密码
附加信息及用途：</td></tr>
<tr><td colspan="11">复核 记账</td></tr>
</table>

此联汇出行给汇款人回单

ICBC 中国工商银行现金交款单(回单)

年　月　日　　　　NO. 435011

存款人	全 称			
	账 号		款项来源	
	开户行		交款人	

人民币(大写)	十	万	千	百	十	元	角	分

种类	张数	种类	张数	种类	张数	种类	张数	(银行盖章) 收款 复核
壹佰元		伍元		伍角		伍分		
伍拾元		贰元		贰角		贰分		
拾元		壹元		壹角		壹分		

实验三　记账凭证的填制

凭证编号________　出纳编号________

收款记账凭证

年　月　日

借方科目	

摘要	结算方式	票号	贷方科目		金额											记账符号
			总账科目	明细科目	亿	千	百	十	万	千	百	十	元	角	分	
附单据　张			合计													

会计主管　记账　稽核　制单　出纳　交款人

凭证编号________　出纳编号________

收款记账凭证

年　月　日

借方科目	

摘要	结算方式	票号	贷方科目		金额											记账符号
			总账科目	明细科目	亿	千	百	十	万	千	百	十	元	角	分	
附单据　张			合计													

会计主管　记账　稽核　制单　出纳　交款人

凭证编号________　出纳编号________

收款记账凭证

年　月　日

借方科目	

摘要	结算方式	票号	贷方科目		金额											记账符号
			总账科目	明细科目	亿	千	百	十	万	千	百	十	元	角	分	
附单据　张			合计													

会计主管　记账　稽核　制单　出纳　交款人

凭证编号________ 出纳编号________

付款记账凭证

年 月 日

贷方科目	

摘要	结算方式	票号	借方科目		金额											记账符号
			总账科目	明细科目	亿	千	百	十	万	千	百	十	元	角	分	
附单据 张			合计													

会计主管 记账 稽核 制单 出纳 领款人

凭证编号________ 出纳编号________

付款记账凭证

年 月 日

贷方科目	

摘要	结算方式	票号	借方科目		金额											记账符号
			总账科目	明细科目	亿	千	百	十	万	千	百	十	元	角	分	
附单据 张			合计													

会计主管 记账 稽核 制单 出纳 领款人

凭证编号________ 出纳编号________

付款记账凭证

年 月 日

贷方科目	

摘要	结算方式	票号	借方科目		金额											记账符号
			总账科目	明细科目	亿	千	百	十	万	千	百	十	元	角	分	
附单据 张			合计													

会计主管 记账 稽核 制单 出纳 领款人

付款记账凭证

年　月　日

凭证编号________　出纳编号________

贷方科目	

摘要	结算方式	票号	借方科目		金额											记账符号
			总账科目	明细科目	亿	千	百	十	万	千	百	十	元	角	分	
附单据　张			合计													

会计主管　记账　稽核　制单　出纳　领款人

付款记账凭证

年　月　日

凭证编号________　出纳编号________

贷方科目	

摘要	结算方式	票号	借方科目		金额											记账符号
			总账科目	明细科目	亿	千	百	十	万	千	百	十	元	角	分	
附单据　张			合计													

会计主管　记账　稽核　制单　出纳　领款人

付款记账凭证

年　月　日

凭证编号________　出纳编号________

贷方科目	

摘要	结算方式	票号	借方科目		金额											记账符号
			总账科目	明细科目	亿	千	百	十	万	千	百	十	元	角	分	
附单据　张			合计													

会计主管　记账　稽核　制单　出纳　交款人

凭证编号________ 出纳编号________

付款记账凭证

年 月 日

贷方科目	

摘要	结算方式	票号	借方科目		金额											记账符号
			总账科目	明细科目	亿	千	百	十	万	千	百	十	元	角	分	
附单据 张			合计													

会计主管 记账 稽核 制单 出纳 领款人

凭证编号________ 出纳编号________

付款记账凭证

年 月 日

贷方科目	

摘要	结算方式	票号	借方科目		金额											记账符号
			总账科目	明细科目	亿	千	百	十	万	千	百	十	元	角	分	
附单据 张			合计													

会计主管 记账 稽核 制单 出纳 领款人

凭证编号________ 出纳编号________

付款记账凭证

年 月 日

贷方科目	

摘要	结算方式	票号	借方科目		金额											记账符号
			总账科目	明细科目	亿	千	百	十	万	千	百	十	元	角	分	
附单据 张			合计													

会计主管 记账 稽核 制单 出纳 领款人

凭证编号________　　出纳编号________

付款记账凭证

年　　月　　日

贷方科目	

摘要	结算方式	票号	借方科目		金额											记账符号
			总账科目	明细科目	亿	千	百	十	万	千	百	十	元	角	分	
附单据　　张			合　　计													

会计主管　　记账　　稽核　　制单　　出纳　　领款人

凭证编号________　　出纳编号________

付款记账凭证

年　　月　　日

贷方科目	

摘要	结算方式	票号	借方科目		金额											记账符号
			总账科目	明细科目	亿	千	百	十	万	千	百	十	元	角	分	
附单据　　张			合　　计													

会计主管　　记账　　稽核　　制单　　出纳　　领款人

凭证编号________　　出纳编号________

付款记账凭证

年　　月　　日

贷方科目	

摘要	结算方式	票号	借方科目		金额											记账符号
			总账科目	明细科目	亿	千	百	十	万	千	百	十	元	角	分	
附单据　　张			合　　计													

会计主管　　记账　　稽核　　制单　　出纳　　领款人

凭证编号________　出纳编号________

付款记账凭证

年　月　日

贷方科目	

摘要	结算方式	票号	借方科目		金额											记账符号
			总账科目	明细科目	亿	千	百	十	万	千	百	十	元	角	分	
附单据 张			合计													

会计主管　记账　稽核　制单　出纳　领款人

凭证编号________　出纳编号________

付款记账凭证

年　月　日

贷方科目	

摘要	结算方式	票号	借方科目		金额											记账符号
			总账科目	明细科目	亿	千	百	十	万	千	百	十	元	角	分	
附单据 张			合计													

会计主管　记账　稽核　制单　出纳　领款人

凭证编号________　出纳编号________

付款记账凭证

年　月　日

贷方科目	

摘要	结算方式	票号	借方科目		金额											记账符号
			总账科目	明细科目	亿	千	百	十	万	千	百	十	元	角	分	
附单据 张			合计													

会计主管　记账　稽核　制单　出纳　领款人

转账记账凭证

年　　月　　日　　　　　　　　凭证编号________

摘要	总账科目	明细科目	借方金额										贷方金额										记账符号
			千	百	十	万	千	百	十	元	角	分	千	百	十	万	千	百	十	元	角	分	
附单据　　张		合计																					

会计主管　　　　记账　　　　稽核　　　　制单

转账记账凭证

年　　月　　日　　　　　　　　凭证编号________

摘要	总账科目	明细科目	借方金额										贷方金额										记账符号
			千	百	十	万	千	百	十	元	角	分	千	百	十	万	千	百	十	元	角	分	
附单据　　张		合计																					

会计主管　　　　记账　　　　稽核　　　　制单

转账记账凭证

年　　月　　日　　　　　　　　凭证编号________

摘要	总账科目	明细科目	借方金额										贷方金额										记账符号
			千	百	十	万	千	百	十	元	角	分	千	百	十	万	千	百	十	元	角	分	
附单据　　张		合计																					

会计主管　　　　记账　　　　稽核　　　　制单

转账记账凭证

年　　月　　日　　　　　　　　凭证编号________

摘要	总账科目	明细科目	借方金额										贷方金额										记账符号
			千	百	十	万	千	百	十	元	角	分	千	百	十	万	千	百	十	元	角	分	
附单据　　张		合计																					

会计主管　　　　记账　　　　稽核　　　　制单

转账记账凭证

年　月　日　　　　　　凭证编号________

摘 要	总账科目	明细科目	借方金额										贷方金额										记账符号
			千	百	十	万	千	百	十	元	角	分	千	百	十	万	千	百	十	元	角	分	
附单据	张	合 计																					

会计主管　　　　记账　　　　稽核　　　　制单

转账记账凭证

年　月　日　　　　　　凭证编号________

摘 要	总账科目	明细科目	借方金额										贷方金额										记账符号
			千	百	十	万	千	百	十	元	角	分	千	百	十	万	千	百	十	元	角	分	
附单据	张	合 计																					

会计主管　　　　记账　　　　稽核　　　　制单

转账记账凭证

年　月　日　　　　　　凭证编号________

摘 要	总账科目	明细科目	借方金额										贷方金额										记账符号
			千	百	十	万	千	百	十	元	角	分	千	百	十	万	千	百	十	元	角	分	
附单据	张	合 计																					

会计主管　　　　记账　　　　稽核　　　　制单

转账记账凭证

年　月　日　　　　　　凭证编号________

摘 要	总账科目	明细科目	借方金额										贷方金额										记账符号
			千	百	十	万	千	百	十	元	角	分	千	百	十	万	千	百	十	元	角	分	
附单据	张	合 计																					

会计主管　　　　记账　　　　稽核　　　　制单

转账记账凭证

年　月　日　　　　凭证编号________

摘　要	总账科目	明细科目	借方金额										贷方金额										记账符号
			千	百	十	万	千	百	十	元	角	分	千	百	十	万	千	百	十	元	角	分	
附单据	张	合　计																					

会计主管　　记账　　稽核　　制单

转账记账凭证

年　月　日　　　　凭证编号________

摘　要	总账科目	明细科目	借方金额										贷方金额										记账符号
			千	百	十	万	千	百	十	元	角	分	千	百	十	万	千	百	十	元	角	分	
附单据	张	合　计																					

会计主管　　记账　　稽核　　制单

转账记账凭证

年　月　日　　　　凭证编号________

摘　要	总账科目	明细科目	借方金额										贷方金额										记账符号
			千	百	十	万	千	百	十	元	角	分	千	百	十	万	千	百	十	元	角	分	
附单据	张	合　计																					

会计主管　　记账　　稽核　　制单

转账记账凭证

年　月　日　　　　凭证编号________

摘　要	总账科目	明细科目	借方金额										贷方金额										记账符号
			千	百	十	万	千	百	十	元	角	分	千	百	十	万	千	百	十	元	角	分	
附单据	张	合　计																					

会计主管　　记账　　稽核　　制单

转账记账凭证

年　　月　　日　　　　　　　　凭证编号______

摘　要	总账科目	明细科目	借方金额										贷方金额										记账符号
			千	百	十	万	千	百	十	元	角	分	千	百	十	万	千	百	十	元	角	分	
附单据	张	合　计																					

会计主管　　　　　　记账　　　　　　稽核　　　　　　制单

转账记账凭证

年　　月　　日　　　　　　　　凭证编号______

摘　要	总账科目	明细科目	借方金额										贷方金额										记账符号
			千	百	十	万	千	百	十	元	角	分	千	百	十	万	千	百	十	元	角	分	
附单据	张	合　计																					

会计主管　　　　　　记账　　　　　　稽核　　　　　　制单

转账记账凭证

年　　月　　日　　　　　　　　凭证编号______

摘　要	总账科目	明细科目	借方金额										贷方金额										记账符号
			千	百	十	万	千	百	十	元	角	分	千	百	十	万	千	百	十	元	角	分	
附单据	张	合　计																					

会计主管　　　　　　记账　　　　　　稽核　　　　　　制单

转账记账凭证

年　　月　　日　　　　　　　　凭证编号______

摘　要	总账科目	明细科目	借方金额										贷方金额										记账符号
			千	百	十	万	千	百	十	元	角	分	千	百	十	万	千	百	十	元	角	分	
附单据	张	合　计																					

会计主管　　　　　　记账　　　　　　稽核　　　　　　制单

凭证编号________ 出纳编号________

收款记账凭证

年 月 日

借方科目	

摘要	结算方式	票号	贷方科目		金额											记账符号
			总账科目	明细科目	亿	千	百	十	万	千	百	十	元	角	分	
附单据 张			合计													

会计主管 记账 稽核 制单 出纳 交款人

凭证编号________ 出纳编号________

付款记账凭证

年 月 日

贷方科目	

摘要	结算方式	票号	借方科目		金额											记账符号
			总账科目	明细科目	亿	千	百	十	万	千	百	十	元	角	分	
附单据 张			合计													

会计主管 记账 稽核 制单 出纳 领款人

转账记账凭证

年 月 日 凭证编号________

摘要	总账科目	明细科目	借方金额										贷方金额										记账符号
			千	百	十	万	千	百	十	元	角	分	千	百	十	万	千	百	十	元	角	分	
附单据 张		合计																					

会计主管 记账 稽核 制单

实验四 记账凭证的审核

凭证 出纳
收款记账凭证 编号______ 编号______
年 月 日

借方科目	

摘要	结算方式	票号	贷方科目		金额											记账符号
			总账科目	明细科目	亿	千	百	十	万	千	百	十	元	角	分	
附单据 张			合计													

会计主管 记账 稽核 制单 出纳 交款人

凭证 出纳
收款记账凭证 编号______ 编号______
年 月 日

借方科目	

摘要	结算方式	票号	贷方科目		金额											记账符号
			总账科目	明细科目	亿	千	百	十	万	千	百	十	元	角	分	
附单据 张			合计													

会计主管 记账 稽核 制单 出纳 交款人

凭证 出纳
收款记账凭证 编号______ 编号______
年 月 日

借方科目	

摘要	结算方式	票号	贷方科目		金额											记账符号
			总账科目	明细科目	亿	千	百	十	万	千	百	十	元	角	分	
附单据 张			合计													

会计主管 记账 稽核 制单 出纳 交款人

凭证编号________　出纳编号________

收款记账凭证

年　月　日

借方科目	

摘要	结算方式	票号	贷方科目		金额											记账符号
			总账科目	明细科目	亿	千	百	十	万	千	百	十	元	角	分	
附单据　张			合计													

会计主管　记账　稽核　制单　出纳　交款人

凭证编号________　出纳编号________

收款记账凭证

年　月　日

借方科目	

摘要	结算方式	票号	贷方科目		金额											记账符号
			总账科目	明细科目	亿	千	百	十	万	千	百	十	元	角	分	
附单据　张			合计													

会计主管　记账　稽核　制单　出纳　交款人

凭证编号________　出纳编号________

收款记账凭证

年　月　日

借方科目	

摘要	结算方式	票号	贷方科目		金额											记账符号
			总账科目	明细科目	亿	千	百	十	万	千	百	十	元	角	分	
附单据　张			合计													

会计主管　记账　稽核　制单　出纳　交款人

凭证　　　　　　出纳
编号________　　编号________

付款记账凭证

年　　月　　日

贷方科目	

摘要	结算方式	票号	借方科目		金额											记账符号
			总账科目	明细科目	亿	千	百	十	万	千	百	十	元	角	分	
附单据　　张			合计													

会计主管　　记账　　稽核　　制单　　出纳　　领款人

凭证　　　　　　出纳
编号________　　编号________

付款记账凭证

年　　月　　日

贷方科目	

摘要	结算方式	票号	借方科目		金额											记账符号
			总账科目	明细科目	亿	千	百	十	万	千	百	十	元	角	分	
附单据　　张			合计													

会计主管　　记账　　稽核　　制单　　出纳　　领款人

凭证　　　　　　出纳
编号________　　编号________

付款记账凭证

年　　月　　日

贷方科目	

摘要	结算方式	票号	借方科目		金额											记账符号
			总账科目	明细科目	亿	千	百	十	万	千	百	十	元	角	分	
附单据　　张			合计													

会计主管　　记账　　稽核　　制单　　出纳　　领款人

凭证编号________　　出纳编号________

付款记账凭证

年　月　日

贷方科目	

摘要	结算方式	票号	借方科目		金额											记账符号
			总账科目	明细科目	亿	千	百	十	万	千	百	十	元	角	分	
附单据　张			合计													

会计主管　　记账　　稽核　　制单　　出纳　　领款人

凭证编号________　　出纳编号________

付款记账凭证

年　月　日

贷方科目	

摘要	结算方式	票号	借方科目		金额											记账符号
			总账科目	明细科目	亿	千	百	十	万	千	百	十	元	角	分	
附单据　张			合计													

会计主管　　记账　　稽核　　制单　　出纳　　领款人

凭证编号________　　出纳编号________

付款记账凭证

年　月　日

贷方科目	

摘要	结算方式	票号	借方科目		金额											记账符号
			总账科目	明细科目	亿	千	百	十	万	千	百	十	元	角	分	
附单据　张			合计													

会计主管　　记账　　稽核　　制单　　出纳　　领款人

转账记账凭证

年　　月　　日　　　　　　凭证编号________

摘要	总账科目	明细科目	借方金额										贷方金额										记账符号
			千	百	十	万	千	百	十	元	角	分	千	百	十	万	千	百	十	元	角	分	
附单据　张		合计																					

会计主管　　　　记账　　　　稽核　　　　制单

转账记账凭证

年　　月　　日　　　　　　凭证编号________

摘要	总账科目	明细科目	借方金额										贷方金额										记账符号
			千	百	十	万	千	百	十	元	角	分	千	百	十	万	千	百	十	元	角	分	
附单据　张		合计																					

会计主管　　　　记账　　　　稽核　　　　制单

转账记账凭证

年　　月　　日　　　　　　凭证编号________

摘要	总账科目	明细科目	借方金额										贷方金额										记账符号
			千	百	十	万	千	百	十	元	角	分	千	百	十	万	千	百	十	元	角	分	
附单据　张		合计																					

会计主管　　　　记账　　　　稽核　　　　制单

转账记账凭证

年　　月　　日　　　　　　凭证编号________

摘要	总账科目	明细科目	借方金额										贷方金额										记账符号
			千	百	十	万	千	百	十	元	角	分	千	百	十	万	千	百	十	元	角	分	
附单据　张		合计																					

会计主管　　　　记账　　　　稽核　　　　制单

实验五　特种日记账的登记

银行存款日记账

年		凭证号	结算方式		摘要	对方科目	借方										贷方										借或贷	余额									
月	日		种类	号数			千	百	十	万	千	百	十	元	角	分	千	百	十	万	千	百	十	元	角	分		千	百	十	万	千	百	十	元	角	分

现金日记账

年		凭证号	摘要	对方科目	借方										贷方										借或贷	余额									
月	日				千	百	十	万	千	百	十	元	角	分	千	百	十	万	千	百	十	元	角	分		千	百	十	万	千	百	十	元	角	分

实验六　明细分类账的登记

明　细　账

会计科目__________　　明细科目________

年		凭证号	摘要	借方										贷方										借或贷	核对号	余额									
月	日			千	百	十	万	千	百	十	元	角	分	千	百	十	万	千	百	十	元	角	分			千	百	十	万	千	百	十	元	角	分

明　细　账

会计科目__________　　明细科目________

年		凭证号	摘要	借方										贷方										借或贷	核对号	余额									
月	日			千	百	十	万	千	百	十	元	角	分	千	百	十	万	千	百	十	元	角	分			千	百	十	万	千	百	十	元	角	分

明　细　账

会计科目__________　　明细科目________

年		凭证号	摘要	借方										贷方										借或贷	核对号	余额									
月	日			千	百	十	万	千	百	十	元	角	分	千	百	十	万	千	百	十	元	角	分			千	百	十	万	千	百	十	元	角	分

编号	
名称	
材质	
规格	

明 细 账

计划单价________ 计量单位________

年		凭证号	摘要	借方												贷方												余额											
月	日			数量	单价	金额										数量	单价	金额										数量	单价	金额									
						千	百	十	万	千	百	十	元	角	分			千	百	十	万	千	百	十	元	角	分			千	百	十	万	千	百	十	元	角	分

编号	
名称	
材质	
规格	

明 细 账

计划单价________ 计量单位________

年		凭证号	摘要	借方												贷方												余额											
月	日			数量	单价	金额										数量	单价	金额										数量	单价	金额									
						千	百	十	万	千	百	十	元	角	分			千	百	十	万	千	百	十	元	角	分			千	百	十	万	千	百	十	元	角	分

编号	
名称	
材质	
规格	

明细账

计划单价________　　计量单位________

年		凭证号	摘要	借方												贷方												余额											
月	日			数量	单价	金额										数量	单价	金额										数量	单价	金额									
						千	百	十	万	千	百	十	元	角	分			千	百	十	万	千	百	十	元	角	分			千	百	十	万	千	百	十	元	角	分

编号	
名称	
材质	
规格	

明细账

计划单价________　　计量单位________

年		凭证号	摘要	借方												贷方												余额											
月	日			数量	单价	金额										数量	单价	金额										数量	单价	金额									
						千	百	十	万	千	百	十	元	角	分			千	百	十	万	千	百	十	元	角	分			千	百	十	万	千	百	十	元	角	分

应交税费一应交增值税 明细账

年		凭证号	摘要	借方			贷方				借或贷	余额
月	日			合计	进项税额	已交税额	合计	销项税额	出口退税	进项税额转出		

制造费用明细账

年		凭证号	摘要	借方发生额										贷方	余额
月	日												合计		

管理费用明细账

年		凭证号	摘要	借方发生额										贷方	余额
月	日												合计		

生产成本明细账

细目________

年		凭证号	摘要	借方发生额				
月	日			直接材料	直接人工	制造费用	√	合计

生产成本明细账

细目________

年		凭证号	摘要	借方发生额				
月	日			直接材料	直接人工	制造费用	√	合计

实验七　银行存款余额调节表的编制

银行存款余额调节表

年　　月　　日　　　　　　　　　　　　　　　　单位：元

项　目	金　额	项　目	金　额
企业银行存款日记账余额		银行对账单余额	
加：		加：	
减：		减：	
调节后的存款余额		调节后的存款余额	

实验八　编制科目汇总表

科　目　汇　总　表

年　月　日　　　　编号________

会计科目	金额																						总账页次
	借方											贷方											
	亿	千	百	十	万	千	百	十	元	角	分	亿	千	百	十	万	千	百	十	元	角	分	
附记账凭证	年 月 日至 年 月 日																						张

会计主管人员　　　　记账　　　　稽核　　　　制单

科　目　汇　总　表

年　月　日　　　　编号________

会计科目	金额																						总账页次
	借方											贷方											
	亿	千	百	十	万	千	百	十	元	角	分	亿	千	百	十	万	千	百	十	元	角	分	
附记账凭证　　年　月　日至　年　月　日　　张																							

会计主管人员　　　记账　　　稽核　　　制单

实验九　总分类账的登记

总　账

会计科目__________

年		凭证号	摘要	借方										贷方										借或贷	核对号	余额									
月	日			千	百	十	万	千	百	十	元	角	分	千	百	十	万	千	百	十	元	角	分			千	百	十	万	千	百	十	元	角	分

总　账

会计科目__________

年		凭证号	摘要	借方										贷方										借或贷	核对号	余额									
月	日			千	百	十	万	千	百	十	元	角	分	千	百	十	万	千	百	十	元	角	分			千	百	十	万	千	百	十	元	角	分

总　账

会计科目__________

年		凭证号	摘要	借方										贷方										借或贷	核对号	余额									
月	日			千	百	十	万	千	百	十	元	角	分	千	百	十	万	千	百	十	元	角	分			千	百	十	万	千	百	十	元	角	分

总　账

会计科目＿＿＿＿＿

年		凭证号	摘要	借方										贷方										借或贷	核对号	余额									
月	日			千	百	十	万	千	百	十	元	角	分	千	百	十	万	千	百	十	元	角	分			千	百	十	万	千	百	十	元	角	分

总　账

会计科目＿＿＿＿＿

年		凭证号	摘要	借方										贷方										借或贷	核对号	余额									
月	日			千	百	十	万	千	百	十	元	角	分	千	百	十	万	千	百	十	元	角	分			千	百	十	万	千	百	十	元	角	分

总　账

会计科目＿＿＿＿＿

年		凭证号	摘要	借方										贷方										借或贷	核对号	余额									
月	日			千	百	十	万	千	百	十	元	角	分	千	百	十	万	千	百	十	元	角	分			千	百	十	万	千	百	十	元	角	分

实验十　会计报表的编制

发生额及余额试算平衡表

账户名称	期初余额		本期发生额		期末余额	
	借　方	贷　方	借　方	贷　方	借　方	贷　方
合　计						

资 产 负 债 表

会企 01 表

编制单位：　　　　年　　月　　日　　　　单位：元

资　产	期初余额	期末余额	负债及所有者权益（或股东权益）	期初余额	期末余额
流动资产：			流动负债：		
货币资金			短期借款		
交易性金融资产			交易性金融负债		
应收票据			应付票据		
应收账款			应付账款		
预付账款			预收账款		
应收利息			应付职工薪酬		
应收股利			应交税费		
其他应收款			应付利息		
存货			应付股利		
一年内到期的非流动资产			其他应付款		
其他流动资产			一年内到期的非流动负债		
流动资产合计			其他流动负债		
非流动资产：			流动负债合计		
可供出售金融资产			非流动负债：		
持有至到期投资			长期借款		
长期应收款			应付债券		
长期股权投资			长期应付款		
投资性房地产			专项应付款		
固定资产			预计负债		
在建工程			递延所得税负债		
工程物资			其他非流动负债		
固定资产清理			非流动负债合计		
生产性生物资产			负债合计		
油气资产			所有者权益（或股东权益）		
无形资产			实收资本（或股本）		
开发支出			资本公积		
商誉			减：库存股		
长期待摊费用			盈余公积		
递延所得税资产			未分配利润		
其他非流动资产			所有者权益（或股东权益）合计		
非流动资产合计					
资产总计			负债或所有者权益（或股东权益）总　计		

企业负责人：　　主管会计：　　制表：　　报出日期：　　年　　月　　日

利 润 表

企会02表

编制单位：　　　　　　　　年　　月　　日　　　　　　　　单位：元

项　　目	本期金额	上期金额
一、营业收入		
减：营业成本		
营业税金及附加		
销售费用		
管理费用		
财务费用		
资产减值损失		
加：公允价值变动收益（损失以“－”号填列）		
投资收益（损失以“－”号填列）		
其中：对联营企业和合营企业的投资收益		
二、营业利润（损失以“－”号填列）		
加：营业外收入		
减：营业外支出		
其中：非流动资产处置损失		
三、利润总额		
减：所得税费用		
四、净利润（损失以“－”号填列）		
五、每股收益：		
（一）基本每股收益		
（二）稀释每股收益		

企业负责人：　　　　主管会计：　　　　制表：　　　　报出日期：　　年　　月　　日

参 考 文 献

[1] 左旭,李秀莲.会计综合实验教程[M].北京:科学出版社,2009.

[2] 曹慧,袁志忠.会计综合业务模拟实验[M].北京:科学出版社,2007.

[3] 李喜云,王智.企业会计综合实训教程[M].北京:中国铁道出版社,2010.

[4] 李占国.基础会计学专项实训与习题集[M].北京:高等教育出版社,2010.

[5] 朱学义.会计实为训练与考核[M].北京:机械工业出版社,2009.

[6] 李长春,贾创雄.基础会计实验教程[M].北京:清华大学出版社,2008.

[7] 伍春姑,张晓燕.会计基础技能实训教程[M].北京:化学工业出版社,2009.

[8] 杨玉红,高春莲,赵德芳.基础会计模拟实验教程[M].北京:清华大学出版社,2011.